V&R

Gerhard Roth / Klaus-Jürgen Grün /
Michel Friedman (Hg.)

Kopf oder Bauch?

Zur Biologie der Entscheidung

Vandenhoeck & Ruprecht

Bibliografische Information der Deutschen Nationalbibliothek

Die Deutsche Nationalbibliothek verzeichnet diese Publikation in der Deutschen Nationalbibliografie; detaillierte bibliografische Daten sind im Internet über http://dnb.d-nb.de abrufbar.

ISBN 978-3-525-40231-3
eISBN 978-3-647-40231-4

Printed in Germany.
Satz: textformart, Daniela Weiland, Göttingen
Druck und Bindung: ⊕ Hubert & Co., Göttingen

Gedruckt auf alterungsbeständigem Papier.

Inhalt

Vorwort

Warum schreiben Menschen auf Zigarettenpackungen die Warnung, dass Rauchen tödlich sein kann? Warum legen wir es nicht in die Hand eines jeden Einzelnen, ob er sterben will oder nicht? Warum wird es bald ein Gesetz geben, das Lebensmittelhersteller verpflichtet, auf jeder Verpackung mit den Ampelfarben Rot, Gelb oder Grün kenntlich zu machen, ob es sich um gesunde oder schädliche Lebensmittel handelt? Warum wurde unser Grundgesetz im Verlauf seiner 61-jährigen Lebenszeit 51-mal geändert, und zwar stets in diejenige Richtung, die zur spürbaren Einschränkung ursprünglich weiter gefasster Freiheitsrechte geführt hat? Weil wir es mit Recht dem Einzelnen nicht zutrauen, immer diejenige Entscheidung zu treffen, die die Allgemeinheit oder auch nur deren Anwälte für die richtige halten; weil die Vorstellung vom freien Willen nicht hält, was seine Verteidiger versprechen; weil wir intuitiv wissen, dass Vernunft allein keine Basis für die »richtige« Entscheidung darstellt. Der Mensch benötigt Motivationshilfen. Er benötigt auch Menschen, die ihm eine Antwort auf die Frage geben: »Was soll ich tun?« Welche Motivationshilfen legitim sind und welche nicht, steuert seinerseits ein kompliziertes Regelwerk von Gesetzen und Verordnungen, moralischen Tabus und Zwängen, deren Ziel es ist, den Einzelnen vor »falschen« Entscheidungen zu bewahren. Die Gefahr wird offensichtlich als groß eingestuft.

Anders als es die vernunftwissenschaftlichen Auslegungen der Selbstwahrnehmung des Denkens in Situationen überlegter Entscheidungen nahelegen, fügen sich selbst die ethischen Entscheidungen vollständig in ein System der Ökonomie ein. Ökonomie ist hierbei im weitesten Sinn des Wortes als die Organisation unserer Lebensbedürfnisse zu verstehen. Es ist keine Frage, ob wir für oder gegen die Ökonomie sind. Es ist vielmehr die Frage, wie selbst unser moralisches Werten und Entscheiden einer Denkökonomie verpflichtet bleibt. Unser Gehirn arbeitet mit vollkommener Konsequenz ökonomisch. Es versucht alles nach Möglichkeit zu vereinfachen und schonend mit seinen Ressourcen umzugehen.

Durch die Tat, nicht durch ihr Denken allein, bestätigen Menschen, was Hirnforscher inzwischen – wenn auch noch unvollständig, so doch streckenweise sehr genau – beschreiben können: Die wahren Gründe und Ursachen unseres Entscheidens und Handelns liegen nicht im Selbstbewusstsein und in dessen Selbstauslegung. Sie liegen dort, wo wir nur ungern hinschauen, nämlich in unserer mit jedem anderen Tier geteilten biologischen und oft unbewusst wirkenden Natur. Was ökonomisch ist, was dem Erhalt der individuellen Natur und der Gattung dienlich ist, was die individuelle Befriedigung des erreichten Umfangs der Bedürfnisse sichert und was die Erwartung von Gefahr verkleinern kann, das bildet die Grundelemente des menschlichen Handelns.

Empirische Beobachtungen zeigen heute, dass Handeln und seine Vorbereitung zu wesentlichen Teilen von schnell und verlässlich arbeitenden, aber dem Bewusstsein nicht zugänglichen Hirnarealen maßgeblich vorbereitet werden. Welche Rolle die sehr langsam und ungenau funktionierenden bewussten Gedächtnisinhalte und rationalen Erwägungen spielen, ist längst nicht vollständig aufgeklärt. Was bislang bekannt ist, genügt jedoch, um die traditionellen Theorien einer rein rationalen Entscheidung und deren Missachtung emotionaler sowie unbewusst arbeitender Hirnzustände zu marginalisieren.

Vor allem die Theorien eines Vorrangs der bewussten Vernunft vor der vorbewussten und unbewussten intuitiven und emotionalen Entscheidung haben ihre Stellung verloren. Entscheidungen sind zwar ohne Vernunft möglich, aber nicht ohne Emotionen. Wenn Entscheidungen und Handlungen in unserem Gehirn unbewusst oder vorbewusst-intuitiv vorbereitet werden, spielt sich offenbar ein komplizierter Prozess der Abwägung ab, in dem auf eine ökonomische Weise die zu erwartende Belohnung mit Momenten der Angst vor Verlust des bereits erreichten Wohlbefindens verrechnet werden. Im Bewusstsein erscheint von diesem Prozess nur so viel, wie dazwischengeschaltete Zensoren es erlauben. Auf die Bewertung der Zensoren haben wir bewusst keinen Einfluss. Freilich kann sich der Mensch durch Lernen verändern, und durch diese Erfahrungen werden auch andere Entscheidungen begünstigt. Doch wer wann was lernt, entscheidet nicht ein mutmaßlich freier Wille, sondern eine durch Biologie, das soziale Umfeld und die Gunst des Augenblicks entstandene Erwartung eines Glücks.

Zum dritten Mal haben die Herausgeber dieses Buches an der Goethe-Universität in Frankfurt am Main ein interdisziplinäres Symposium zu Fragen der Hirnforschung als einer neuen Leitwissenschaft und des Paradigmenwechsels von der Selbstbetrachtung des Geistes zu den neurobiologischen Voraussetzungen des Denkens und Entscheidens durchgeführt. Die Konferenz im Oktober 2009 trug den Titel »Kopf oder Bauch – Zur Biologie der ökonomischen Entscheidung« und hatte zum Ziel, aus Sicht des ökonomisch arbeitenden Gehirns einen Blick auf das Zustandekommen sozialer, wirtschaftlicher und politischer Entscheidungen zu werfen. Sie reagierte damit auf die sowohl im akademischen als auch im öffentlichen Bereich verbreiteten ungenauen Vorstellungen von der Qualität unserer Emotionen und Gefühle als Grundlage der bewussten Rationalität.

Die Themen und wesentlichen Beiträge der vorausgegangenen ersten beiden Symposien sind dokumentiert in den Veröffentlichungen im Verlag Vandenhoeck & Ruprecht »Das Gehirn und seine Freiheit. Beiträge zur neurobiologischen Grundlegung der Philosophie« (hrsg. von G. Roth und K.-J. Grün, 2006, 3. Aufl. 2009) sowie »Entmoralisierung des Rechts – Maßstäbe der Hirnforschung für das Strafrecht« (hrsg. von K.-J. Grün, M. Friedman und G. Roth, 2008).

Die im vorliegenden Band versammelten Beiträge sind ausgearbeitete Vorträge des genannten Symposiums sowie diese ergänzende Forschungsbeiträge. Zunächst fasst Gerhard Roth seine Thesen zusammen und klassifiziert Entscheidungen nach verschiedenen Typen. Er legt vor allem dar, dass die besten Entscheidungen die schnellen, automatisierten Entscheidungen (»Expertenentscheidungen«) sind, die jedoch nur auf Standardsituationen passen und in neuartigen Situationen versagen. Weiterhin gibt es zwei verschiedene Arten von »Bauchentscheidung«, nämlich erstens die schnellen, affektiven Entscheidungen, die meist überreaktiv und deshalb unangepasst sind, und zweitens die emotionalen Entscheidungen ohne Zeitdruck, die den Nachteil haben, dass sie nicht genügend begründbar und vermittelbar sind. Die »rationalen Entscheidungen« werden in ihrer Güte auf breiter Front überschätzt – zum einen, weil es keine ausschließlich rationalen Entscheidungen gibt, und zum anderen, weil sie extrem störanfällig und nur für Entscheidungssituationen von geringer Komplexität geeignet sind. Intuitive, vorbewusste Entscheidungen, die oftmals mit »Bauchentscheidungen« verwechselt werden, sind dagegen geeignet, mit komplexen Entscheidungssituationen fertig zu werden. Sie enthalten nämlich in komprimierter Form alle früheren bewussten emotionalen und rationalen Entscheidungen. Überdies zeigt der Beitrag, dass emotionale Entscheidungen nicht irrational sein müssen, denn sie spiegeln die oft unbewussten personalen Präferenzen des Entscheiders wider.

Im Anschluss daran stellt Klaus-Jürgen Grün den Zusammenhang zwischen Ökonomie und ethisch-moralischen Entscheidungen vor. Er spricht sich dafür aus, Abstand zu nehmen von der Angst vor zunehmender Ökonomisierung der Gesellschaft. Vielmehr sollten wir beim Lösen von Problemen und der Vorbereitung von Entscheidungen die Natur zum Vorbild nehmen. Wenn wir verstanden haben, dass unser Gehirn auf spezifische Weise und in jeder Hinsicht höchst ökonomisch verfährt, ordne sich selbst die Angst vor Ökonomisierung in die Denkökonomie des Gehirns ein. Die Betrachtung des Gehirns beim Zustandekommen von Entscheidungen, insbesondere den ethisch-moralischen, führe zu neuen Vorstellungen der Wirkungsweise von Ethik und Moral. Insbesondere fragt Grün danach, warum die Vorstellung, einen freien Willen zu besitzen, so viel Glück versprechen kann, dass sich Menschen immer wieder gegen die Möglichkeit eines deterministischen Denkens immunisieren. Mit der Erkenntnis, dass unser Gehirn nach ökonomischen Kriterien verfährt, verwandle sich aber auch der kategorische Imperativ Kants in einen hypothetischen. Er verliere dadurch seine Sonderstellung im System der Ethiken. Dieser Verlust schwäche die seit Kant dominierende Kritik an den Ethiken des Nutzen erheblich. Utilitaristische Ethiken gewönnen nämlich in dem Maße an Plausibilität, wie sich der Verdacht stärke, dass jede ethische Entscheidung einen Nutzen erfülle. Aus Sicht des Gehirns und seiner Denkökonomie stelle sich schließlich die Frage, warum sich Spekulationen und Ideologien um ethische und religiöse Sinnsuche gegen ihre Plausibilität beharrlich in der Wissenschaft fortpflanzen. Erwartungen können oftmals größeres Glück versprechen als die Betrachtung der Realität. Und die Erwartung des Glücks – sei es im Diesseits oder im Jenseits – scheint der stärkste Motivationsfaktor zu sein, den Menschen bislang kennen.

Marc Borner greift die Frage nach der korrekten Bestimmung der »Bauchentscheidung« auf und füllt sie mit Inhalten aus Philosophie und Neuropsychologie. Er erörtert dabei neurowissenschaftliche, psychologische und historische Positionen und plädiert dafür, dass wir öfter einmal auf unseren Bauch hören sollten, weil wir dabei ehrlicher verfahren, als es die sich verstellende Vernunft oft zulässt. Die ökonomische Entscheidung sieht Borner bereits in der aristotelischen Mesotes-Lehre vorweggenommen, die sich als eine Bildung des Charakters verstehen lässt. Gute Entscheidungen kommen eher noch aufgrund der Charakterbildung zustande als aufgrund präziser Logik.

Der Beitrag von Michel Friedman stellt ein Beispiel vor, nach welchem philosophische Betrachtungen der Motivation von Handlung durch ihre Genauigkeit mehr verschweigen können, als sie offenlegen. Er greift dabei in die Debatte um die Rolle der Hirnforschung für eine Revision des Strafrechts ein. Einen Forschungsbeitrag Friedrich Kambartels aus dem Jahr 1993, dessen Ziel es war, ein für alle Mal darzulegen, dass Hirnforschung aus begrifflichen Gründen das menschliche Handeln niemals würde erklären können, unterzieht Friedman einer präzisen Analyse. Dabei legt er an mehreren Stellen dar, dass Kambartel in der Undurchsichtigkeit seiner Argumentation selbst übersehen hatte, an welchen Stellen er seinen eigenen Prämissen untreu geworden war. So stelle der Forschungsbeitrag Kambartels einen paradigmatischen Fall dar, an dem sich zeige, dass unser »alteuropäisches« Handlungsmodell nicht besser begründet sei als die neuen naturalistischen Thesen zu Ethik, Schuld und Verantwortung. Die Angst vor einer »szientistischen Kolonialisierung unserer Lebenswelt« erweise sich als unbegründet.

Es fügt sich eine Untersuchung von Thomas Köhler über Arthur Schopenhauer an. Während in den Hauptströmungen der akademischen Philosophie Schopenhauer kaum eine Rolle spielt, offenbare seine Konzeption des Willens und seine Einschätzung der Leistungen des Unbewussten eine tiefgehende Erkenntnis über das Zustandekommen unserer Entscheidungen. Ohne die Kenntnisse der neueren Hirnforschung konnte Schopenhauers naturalistischer Ansatz bereits weit über den Stand der philosophischen Forschung hinaus gelangen und mit systematischen Überlegungen die Vorrangstellung der Vernunft überwinden.

Katharina Trabel schließt sich mit ihrem Beitrag über Frans de Waals Bewertung der biologischen Untersuchungen zur Moralität von Primaten dem naturalistischen Standpunkt in der Ethik an. Während unsere traditionellen Konzepte der Entwicklung des moralischen Bewusstseins von einer strikten Trennung zwischen Natur und Kultur ausgehen, zeigt ihr Beitrag, dass die Vorstellung, es habe in der Geschichte einen Zeitpunkt gegeben, von dem an Kultur und gesellschaftliche Zustände herrschten, nicht mehr denkbar ist. Menschliche Moral habe sich kontinuierlich entwickelt. Einen Zustand der Natur, der Moral und Kultur entbehrte, gab es in der Entwicklungsgeschichte des Menschen nicht. Unsere nächsten Verwandten, die nichtmenschlichen Primaten, verfügen bereits über die wichtigsten moralischen Wertungen. Mit der Entwicklung des Menschen kommen allenfalls differenziertere Qualitäten hinzu.

Karl Georg Zinn setzt die Überlegungen über die biologischen Voraussetzungen des moralischen Bewusstseins fort und überträgt sie auf die Anforderungen an eine Gesellschaftsethik und eine politischen Ökonomie. Auch seine Thesen widersprechen der zu engen Bestimmung von Sittlichkeit nach dem Vorbild der Moralphilosophie Kants. Zinn zeigt, dass der Gegensatz von Natur und Kultur eine künstliche Konstruktion derjenigen ist, die zwischen Natur und Kultur eine strikte Trennungslinie ziehen. Das Studium der Zivilisationsgeschichte widerspricht jedoch solchen Konstruktionen. Sein Beitrag endet schließlich mit einem Ausblick über die Leistungsfähigkeit des »Turmmodells« Frans de Waals.

Heinz-Günter Macherey stellt schließlich seine im Rahmen der Organisation von Unternehmen gewonnene Erfahrung in einen Zusammenhang mit der Organisationsweise des Gehirns. Seine

Fragestellung eröffnet die Perspektive, dass sich aus der Betrachtung der dezentralen Hierarchie im Gehirn ein Modell gewinnen lasse, nach dem sich bestimmte Unternehmensstrukturen effizienter und menschenfreundlicher gestalten ließen.

Gerhard Roth, Klaus-Jürgen Grün, Michel Friedman

Gerhard Roth

Verstand oder Gefühl – wem sollen wir folgen?

Die Frage »wie entscheide ich am besten?« wird zurzeit fast überall diskutiert, und es werden die unterschiedlichsten Ratschläge gegeben: »Lass deinen Verstand walten!« heißt es traditionell und ebenso häufig: »Hör auf dein Herz« – oder inzwischen platter: »Hör auf deinen Bauch!«. Die Rational-Choice-Theorie der Ökonomen und Soziologen bietet immer kompliziertere Formeln zur Berechnung der besten Entscheidung an, und gleichzeitig gibt es Bücher, die simple Entscheidungsweisen, Heuristiken genannt, anpreisen. Kaum jemand findet sich da durch.

Eine brauchbare Erklärung für dieses Wirrwarr ist die Tatsache, dass häufig ganz unterschiedliche Entscheidungssituationen und -weisen gemeint sind. Es kann um »große« Dinge gehen wie die Frage, ob ich meine Firma erweitern und neue Mitarbeiter einstellen, einen beträchtlichen Teil meines Vermögens in bestimmte Aktien anlegen oder ein verlockendes Job-Angebot in X annehmen soll. Aber auch jeder Einkauf ist mit Entscheidungen verbunden. Im Straßenverkehr müssen wir uns häufig blitzschnell entscheiden, ob wir bei einer Ampel, die auf Gelb umschaltet, Gas geben oder bremsen, ob wir jemandem die Vorfahrt lassen oder nehmen, einen Drängler ignorieren oder ihm eine drohende Geste machen. Schließlich trifft unser Gehirn Entscheidungen bei jeder Bewegung, die wir ausführen, z. B. nach der Kaffeetasse vor uns greifen. Es gibt also ganz unterschiedliche Arten von Entscheidungen.

Arten von Entscheidungen

Wir können fünf Haupttypen von Entscheidungen unterscheiden:
- automatisierte Entscheidungen,
- Entscheidungen unter Zeitdruck (Bauchentscheidungen I),
- emotionale Entscheidungen ohne Zeitdruck (Bauchentscheidungen II),
- reflektierte Entscheidungen,
- aufgeschobene intuitive Entscheidungen.

Diese Arten von Entscheidungen haben ganz unterschiedliche Abläufe, die einen sind eher rational, die anderen eher emotional, die einen eher bewusst, die anderen eher unbewusst, und sie werden entsprechend durch ganz unterschiedliche Teile unseres Gehirns gesteuert.

Befassen wir uns zuerst mit den *automatisierten Entscheidungen.* Die meisten Entscheidung unseres täglichen Lebens gehören hierzu, und wir treffen sie entweder völlig unbewusst oder nur mit begleitendem Bewusstsein, in jedem Fall aber ohne größeres Nachdenken. Wir stehen morgens auf, frühstücken, fahren zur Arbeitsstätte, verrichten unser Tageswerk, fahren nach Hause, und viele dieser Handlungen laufen weitgehend automatisiert ab. Wir sind in der Lage, unser Frühstück zu uns zu nehmen, während wir uns mit unserem Lebenspartner unterhalten oder Zeitung lesen (oder beides!). Wir entscheiden höchstens, *wann*, nicht aber *wie* wir die Bewegung ausführen; diese läuft mehr oder weniger automatisiert ab. Wir können meist auch gar nicht genau sprachlich wiedergeben, was wir da tun. Voraussetzung hierfür ist, dass die Situationen, in denen wir uns befinden, erstens vertraut, zweitens eingeübt und drittens nicht zu komplex sind, so dass nur Entscheidungen zwischen einfachen Alternativen getroffen werden müssen. Unbewusst arbeitende Teile unseres Gehirns »wissen«, was in welcher Weise zu tun ist.

Zu diesem Typ von Entscheidungen gehören auch die Expertenentscheidungen. Experten sind Leute, die aufgrund ihres schnell verfügbaren Wissens ohne größeres Nachdenken erkennen, wo das Problem liegt und wie man es löst.

Hirnforschung und Psychologie sagen uns, dass unser Gehirn immer danach trachtet, Entscheidungsprozesse zu standardisieren und routinisieren, so dass immer weniger Aufwand getrieben werden muss und wir ohne großes Nachdenken entscheiden können. Wir beobachten, dass Entscheidungen in neuen und ungewohnten Situationen zuerst bewusst und mit vielem Nachdenken getroffen werden, aber wenn wir wiederholt vor denselben Problemen stehen und unsere früheren Entscheidungen richtig waren, dann setzt ein Automatisierungsprozess ein, und typischerweise zieht sich unser Bewusstsein immer mehr daraus zurück. In unserem Gehirn benötigen bewusste Entscheidungen immer die Mitwirkung der Großhirnrinde. Je mehr aber Entscheidungen und Handlungen automatisiert werden, desto mehr dominieren Strukturen tief im Innern unseres Gehirns, die Basalganglien heißen und völlig unbewusst arbeiten. Sie repräsentieren unser unbewusstes *Handlungsgedächtnis*, was sicher über 90 Prozent unserer alltäglichen Entscheidungen bestimmt.

Kommen wir zu dem *Bauchentscheidungen*. Diese Art von Entscheidungen ist inzwischen sehr populär geworden. Überall heißt es »Hör auf deinen Bauch! Trainiere deine Bauchgefühle«. Das Dumme dabei ist, dass hierbei zum Teil ganz unterschiedliche Dinge gemeint sind. Zum einen meint man nämlich *spontane* affektive Entscheidungen unter Zeitdruck, zum anderen aber emotionale Entscheidungen ohne Zeitdruck. Spontane affektive Entscheidungen sind die eigentlichen »Entscheidungen aus dem Bauch heraus«. Sie sind den automatisierten Entscheidungen ähnlich, denn bei ihnen geht es um schnelle Entscheidungen, oft in Situationen von Stress oder Gefahr, und wir können oder wollen nicht lange nachdenken, aber gleichzeitig handelt es sich um hochemotionale Situationen.

Dabei geht es nicht nur um Feuer, Überfall und sonstige Bedrohung durch Mensch oder Tier, sondern auch um schnelle Kaufentscheidungen oder – besonders eindrucksvoll – das Verhalten im Straßenverkehr. Ich stehe im Geschäft, ich sehe auf meine Uhr, weil ein wichtiger Termin ansteht. Soll ich diese Schuhe wirklich kaufen oder doch lieber den Kauf verschieben? Besonders gut sind Bauchentscheidungen im Straßenverkehr zu beobachten, denn das Verhalten hinter dem Steuer ist in aller Regel hochemotional. Ich habe es eilig und fahre auf eine Ampel zu, die auf Gelb schaltet. Ich muss blitzschnell entscheiden: Soll ich Gas geben und versuchen, noch bei »tiefem Gelb« über die Kreuzung zu kommen? Oder ich muss entscheiden, ob ich meinen Vordermann noch vor der Kurve überhole, ob ich jemandem die Vorfahrt lasse oder nicht, und all dies sind – insbesondere bei Männern, Verhaltensweisen, die stammesgeschichtlich tief in uns verwurzelt sind, es geht nämlich um Flucht, Abwehr/Verteidigung, Angriff, Erstarren (Totstellen), Unterwerfung (Resignation), Macht, Dominanz und Imponieren.

Der dritte Entscheidungstyp ist die *emotionale Entscheidung ohne Zeitdruck*. Hierbei geben wir uns ganz dem Gefühl hin nach dem Motto »Folge deinem Herzen« und verzichten bewusst oder notgedrungen (z. B. im Zustand großer Furcht, großer Wut oder großer Verliebtheit) darauf, uns über die Konsequenzen unseres Handelns im Klaren zu werden. Dieser Entscheidungstyp wird derzeit angepriesen im Zuge eines modischen Antirationalismus.

Das krasse Gegenteil von Bauchentscheidungen scheinen *reflektierte Entscheidungen* bzw. *rationale Entscheidungen* zu sein. Hier entscheiden wir nicht spontan-affektiv oder rein emotional, sondern überlegt und wägen zwischen Alternativen und ihren Konsequenzen ab. Es herrscht die Meinung vor, dass eine Entscheidung umso besser ist, je mehr sie von Verstand und Vernunft geleitet wurde – also eine *rationale* Entscheidung ist. Dies ist die Kernaussage des in der Ökonomie und Soziologie vorherrschenden Rational-Choice-Modells: Menschen entscheiden sich so, wie es ihnen das rationale Abwägen von Vor- und Nachteilen möglicher Entscheidungen vorgibt. Gefühle gelten hierbei als störendes Beiwerk und sollten deshalb zurückgedrängt werden.

In Wirklichkeit gibt es gar keine rein rationalen Entscheidungen, sondern typischerweise herrscht hier der Kampf zwischen Verstand und Gefühlen, Motiven und Gegenmotiven. Unter *Verstand* kann man am besten die Fähigkeit zum Problemlösen mit Hilfe erfahrungsgeleiteten und logischen Denkens verstehen. Verstand ist mit Intelligenz verwandt und beinhaltet entsprechend die Fähigkeit, Aufgaben in einer vorgegebenen Zeit zu identifizieren und vorhandenes Expertenwissen richtig anzuwenden, z. B. um Probleme zu lösen oder einen persönlichen Vorteil zu gewinnen. Diese Funktionen können dabei vornehmlich dem oberen Stirnhirn, dem dorsolateralen präfrontalen Cortex, zugeordnet werden.

Gefühle im weiteren Sinne umfassen auch die Affekte wie Wut, Zorn, Hass und Aggressivität, die uns übermannen oder mitreißen und die die Bauchentscheidungen bestimmen. Im engeren Sinne gibt es *Emotionen* wie Furcht, Angst, Freude, Glück, Verachtung, Ekel, Neugierde, Hoffnung, Enttäuschung, Erwartung, Hochgefühl und Niedergeschlagenheit. Soweit wir wissen, sind neben den Affekten auch diese Gefühle angeboren, denn ausgedehnte Untersuchungen des Psychologen Paul Ekman (z. B. 1992, 1999) zeigen, dass alle Menschen auf der Welt solche »Grundgefühle« haben. Sie können sich jedoch im Prozess der emotionalen Konditionierung in nahezu beliebiger Art mit Objekten und Situationen verbinden.

Gefühle scheinen erst einmal gar nichts mit dem Kopf bzw. dem Gehirn zu tun zu haben, sondern mit unserem Körper. Uns hüpft das Herz vor Freude, wir haben vor einer unangenehmen Situation Magendrücken, uns zittern die Hände und schlottern die Knie vor Angst, uns platzt der Kragen. Der enge Zusammenhang zwischen Affekten bzw. Gefühlen und körperlichen Zuständen ist leicht einzusehen. Affekte und Gefühle sollen uns zu einem bestimmten Verhalten veranlassen, und zwar umso mehr, je stärker sie sind. Wir sollen gezwungen werden, etwas Bestimmtes zu tun oder zu lassen, zu kämpfen oder zu fliehen, Dinge anzupacken oder sie möglichst zu meiden.

Als bewusste Erlebniszustände sind Gefühle zwar mit Aktivitäten in der Großhirnrinde verbunden, aber im Gegensatz zu Verstand und Vernunft entstehen sie nicht dort, sondern im limbischen System. Es ist im menschlichen Gehirn vollständig von der Großhirnrinde umgeben und besteht aus vielen Zentren mit den unterschiedlichsten Funktionen, die völlig unbewusst arbeiten. Sie bewerten alles, was wir tun, nach »gut« und »schlecht« und steuern hierüber unser Verhalten.

Emotionale Konditionierung gehört zu unserem täglichen Leben. Das Prinzip ist, dass wir bei vielen Dingen in unserem Leben durch Versuch und Irrtum herausbekommen müssen, was davon gut und was schlecht für uns ist. Wir lernen schon als kleine Kinder, dass das Berühren einer heißen Herdplatte schmerzhaft ist, dass man sich auch vor anderen Dingen, Orten und Personen in Acht nehmen muss und dass andere Dinge wie Süßigkeiten, die

Nähe bestimmter Menschen oder Alkohol uns Lust bereiten. In aller Regel bilden sich emotionale Konditionierungen nicht aufgrund eines einmaligen Erlebnisses aus, sondern bestimmte negative oder positive Erfahrungen müssen wiederholt gemacht werden, um sich fest in unserem emotionalen Erfahrungsgedächtnis zu verankern. Allerdings geht diese Verankerung umso schneller vor sich, je stärker die emotionalen Begleitzustände oder Folgen von Ereignissen waren. Passiert etwas, das große Freude, große Lust, starken Schmerz oder große Angst in uns auslöst, dann kann sich diese Kopplung schon beim ersten Mal unauslöschlich in uns einprägen. Bei negativen Emotionen spricht man von psychischer Traumatisierung. Dies alles geschieht vornehmlich in einem kleinen Teil des limbischen Systems, nämlich im Mandelkern, Amygdala genannt.

Viele dieser emotionalen Konditionierungen passieren in einer Weise, die uns nicht ganz oder überhaupt nicht bewusst ist. Zum Teil finden sie in einer Zeit statt, in der wir noch gar kein Bewusstsein wie später als Jugendlicher oder Erwachsener hatten, nämlich im Mutterleib oder in den ersten Tagen, Wochen und Monaten nach unserer Geburt. Während unser deklaratives, zu bewusster Erinnerung fähiges Gedächtnis noch gar nicht ausgebildet ist, lernt unser limbisches, emotionales Gedächtnis bereits, was in unserer Umgebung und an eigenen Handlungen gut oder schlecht, lustvoll oder schmerzhaft, angenehm oder unangenehm ist. Indem bestimmte Geschehnisse einschließlich unserer eigenen Handlungen im limbischen System mit positiven oder negativen Gefühlen verbunden werden, erhalten sie eine Bewertung, die wiederum zu der Entscheidung beiträgt, ob irgendetwas noch einmal getan oder aber gelassen werden soll, ob wir ein Geschehen, ein Ding oder eine Person aufsuchen oder sie vermeiden sollen. Dies erleben wir, sobald wir etwas älter geworden sind, als Gefühle, die uns raten, etwas zu tun oder zu lassen.

Da diese emotionale Bewertung seit dem Mutterleib ständig vorgenommen wird, ist es klar, dass sich im Laufe des Lebens ein ungeheurer Schatz von Erfahrungen anhäuft, deren Details uns bewusstseinsmäßig gar nicht mehr gegenwärtig sind und von ihrer Fülle her auch gar nicht sein können. Gefühle – gleichgültig, ob bewusst oder unbewusst – sind in diesem Sinne also Ratgeber, und zwar entweder als spontane Affekte, indem sie uns im Hinblick auf Dinge zu- oder abraten, die an sich positiv oder negativ sind, oder aufgrund der Erfahrungen der positiven oder negativen Folgen unseres Handelns. Insofern sind Gefühle keineswegs etwas Irrationales.

Es ist deshalb falsch, den uns allen bekannten Kampf zwischen Verstand und Gefühlen als eine Entscheidung zwischen einem rationalen und einem irrationalen Verhalten anzusehen, sondern es handelt sich um zwei verschiedene Arten von Logik und Erfahrung. Der »kalte« Verstand rät uns, etwas zu tun, aber unsere Gefühle sagen uns aufgrund einer langen Erfahrung etwas anderes.

Klassischerweise unterscheidet man zwischen *Verstand* und *Vernunft*. Vernunft ist in gewissem Sinne ein Vermittler zwischen Verstand und Gefühlen. Unter Vernunft versteht man die Fähigkeit zu mittel- und langfristiger Handlungsplanung aufgrund übergeordneter zweckrationaler und ethischer Prinzipien. Vernünftig bin ich, wenn ich gewohnt bin abzuwägen, was die mittel- und langfristigen Konsequenzen meines Handelns sind. Dabei kommt es nicht nur auf meinen privaten Vorteil an, sondern auch auf die soziale Akzeptanz meines Handelns. Es gehen also private ebenso wie soziale emotionale Erfahrungen in meine Entscheidung ein. Ein vernünftiger Mensch strebt entsprechend einen Kompromiss zwischen rationalen und emotionalen Motiven an.

Im Gehirn findet bei diesen reflektierten Entscheidungen eine Auseinandersetzung zwischen den Verstandes- und Intelligenzzentren in der Großhirnrinde und den unbewussten und bewussten limbischen, emotionalen Zentren statt. Das Interessante hieran ist, dass diese Auseinandersetzung letztlich einseitig ist. Rein rationale Argumente können nämlich für sich allein gar nichts entscheiden, sondern sie können nur Vorschläge machen und Konsequenzen aufzeigen und die limbischen Zentren fragen, ob sie diese Konsequenzen wollen oder nicht (teurer Autokauf, Annahme eines attraktiven, aber riskanten Berufsangebots usw.). Die Letzentscheidung wird immer emotional getroffen, und dies bestimmt die Motive unseres Handelns.

Kommen wir zum vierten Typ, den *aufgeschobenen intuitiven Entscheidungen*. Diese Art von Entscheidungen wurde in der letzten Zeit viel diskutiert und häufig auch mit Bauchentscheidungen verwechselt. Es ist aber ein großer Unterschied, ob man rät »Hör auf deinen Bauch!« oder »Folge deiner Intuition!«. Hierbei geht es nämlich um Entscheidungen in relativ komplexen Situationen, bei denen man eine Zeit lang nachdenkt, dann die Sache für ein paar Stunden oder Tage ruhen lässt und sich dann relativ spontan entscheidet. Eine holländische Arbeitsgruppe hat im vorigen Jahr in der angesehenen Zeitschrift »Science« hierzu Untersuchungsergebnisse veröffentlicht. Dabei ging es um den Vergleich zwischen einfachen und komplizierteren Kaufentscheidungen, nämlich um das Kaufen von Utensilien des täglichen Lebens, von Möbeln und von Autos. Die Wissenschaftler behaupteten, reflektierte Entscheidungen aufgrund intensiven Nachdenkens seien paradoxerweise nur für Entscheidungssituationen mit geringer Komplexität geeignet, während für Entscheidungssituationen höherer Komplexität aufgeschobene intuitive Entscheidungen besser seien. Gemessen wurde die Güte der Entscheidungen an der Frage, ob die Leute noch nach längerer Zeit mit ihrer Entscheidung zufrieden waren. Das hat natürlich zu heftigen Diskussionen geführt. Wie kann es sein, dass das bloße »Nicht weiter nachdenken« zu einer besseren Entscheidung führt als langes intensives Nachdenken?

Wir alle kennen die Situation, dass wir lange vergeblich über etwas nachdenken oder uns an etwas erfolglos zu erinnern versuchen. Wir geben schließlich auf, beschäftigen uns mit etwas anderem, und Stunden oder Tage später fällt uns die Lösung oder die Erinnerung ein, manchmal beim Aufwachen oder sonst wie aus »heiterem Himmel«. Eine Erklärung dieses Vorgangs ist folgende: Die Informationsverarbeitung in unserem Gehirn besteht nicht nur aus der Ebene des Bewusstseins, die in der Großhirnrinde lokalisiert ist, und der Ebene (oder besser den Ebenen) des Unbewussten, die im limbischen System außerhalb der Großhirnrinde beheimatet sind, sondern auch aus dem *Vorbewussten*. Dieses Vorbewusste umfasst alles, was aktuell nicht bewusst ist, aber einmal bewusst war, ins Vorbewusste abgesunken ist und unter bestimmten Umständen bewusst gemacht werden kann. Hierzu gehört unser sprachlich berichtbares (deklaratives) Gedächtnis. Es enthält alles, was mit uns passiert ist (das episodisch-autobiographische Gedächtnis), ebenso wie das, was wir an Wissen verfügbar haben.

Dieses deklarative Gedächtnis ist ebenfalls in der Großhirnrinde lokalisiert – sonst könnten seine Inhalte ja nicht bewusst werden –, aber seine Inhalte befinden sich sozusagen knapp unterhalb der Bewusstseinsschwelle. Diese Schwelle wird entweder durch aktiven äußeren oder inneren Anstoß überschritten (uns fällt etwas ein, weil wir gerade etwas wahrnehmen, oder wir denken intensiv nach), oder es fällt uns scheinbar ganz zufällig ein. In Wirklichkeit gibt es einen solchen Zufall nicht, sondern die Tatsache, dass uns in einer bestimmten Situation etwas einfällt oder auch nicht, wird von vor- und unbewussten Prozessen in unserem Gehirn bestimmt, über die wir entsprechend keine direkte willentliche Kontrolle besitzen.

Dieses Vorbewusste ist gegenüber dem, was wir bewusst verarbeiten können, schier unbegrenzt (im Prinzip behalten wir alles, was wir jemals erlebt haben, aber wir können nicht alles davon erinnern). Entsprechend ist auch die Fähigkeit des Vorbewussten zum Problemlösen viel größer – dies geschieht vorbewusst, nicht unbewusst, und es geschieht nach anderen Prinzipien als unser rationales Denken, eben intuitiv. Man kann diesen Unterschied annäherungsweise als den Unterschied zwischen linear-sequenzieller und hochgradig parallel-vernetzter Verarbeitung von Informationen begreifen.

Wie entscheiden wir uns am besten?

Wenden wir uns nun der Frage zu, welche Vor- und Nachteile die jeweiligen Entscheidungsarten haben. Dies beantwortet zugleich die Frage, wie wir uns am besten entscheiden.

Automatisierte Entscheidungen bzw. die Expertenentscheidungen sind die besten Entscheidungen, was Schnelligkeit, Sparsamkeit und Risikominimierung betrifft. Sie bauen auf einer langen Erfahrung auf: Hat sich eine Entscheidung in einer bestimmten Situation bewährt, so sollte man sie in dieser Situation wiederholen. Ihr Nachteil ist, dass sie eben auf bestimmte Problemsituationen zugeschnitten ist. Ein Experte ist häufig ein Ignorant in anderen Gebieten. Liegt eine andere Situation vor, dann bedeutet die automatisierte Entscheidung ein großes Risiko. Allerdings vermindert sich dieses Risiko mit zunehmender Entscheidungserfahrung; wir alle werden zunehmend zu Experten auf immer mehr Gebieten.

Bauchentscheidungen im Sinne spontan-affektiver Entscheidungen sind oft falsch. Es kann sein, dass Flucht das Beste ist, aber sie könnte auch genau die falsche Reaktion darstellen, da wir nicht schnell genug oder nicht in die richtige Richtung fliehen (z. B. ist dies bei Katastrophen in Tunneln ein großes Problem), und Verteidigung oder gar Angriff könnten besser sein. Aber das muss in Sekundenschnelle entschieden werden, und dies geschieht auf der Grundlage einer sehr eingeschränkten, schemenhaften Wahrnehmung durch die subcorticalen limbischen Zentren. Ist der große und schnell sich nahende Schatten wirklich eine Bedrohung? Ist der herannahende Gegner wirklich viel stärker als ich? Soll ich nach links oder rechts fliehen? Soll ich mich nicht lieber tot stellen?

Hochgradig reaktive bzw. reflexartige Entscheidungen sind ein unvermeidbares Risiko. Man hat eben keine Zeit zum Nachdenken – oder glaubt zumindest keine Zeit dazu zu haben, und selbst wenn man Zeit haben sollte, so wird das Nachdenken durch den starken Stress in typischer Weise eingeengt. Bei großem Stress werden hohe Dosen von Adrenalin und Noradrenalin ausgeschüttet, die uns wie ein Blitz durchzucken, uns höchst reaktionsbereit und aufmerksam machen, aber zugleich den präfrontalen Cortex lahmlegen: Es ist jetzt keine Zeit zum langen Grübeln! Bei ganz starker Bedrohung geraten wir sogar in Panik, das heißt kopfloses Reagieren.

Emotionale Entscheidungen *ohne Zeitdruck* sind entgegen der landläufigen Meinung ebenso häufig falsch. Der erste Eindruck täuscht, und der erste Drang und der erste Gedanke treiben uns meist zu einer falschen Entscheidung. Dies ist etwa bei Personalentscheidungen der Fall, wo wir dazu tendieren, dem ersten Eindruck von Sympathie oder Antipathie, von hoher oder geringer Glaubwürdigkeit nachzugeben. Solche hochgradig affektiven Entscheidungen werden von den unbewusst arbeitenden Zentren des limbischen Systems bestimmt und beruhen auf sehr einfachen Merkmalen. Solche Zentren sind nicht in der Lage, Details zu verarbeiten, die z. B. einen korrekten Eindruck über Vorkenntnisse, Korrektheit, Eignung, Zuverlässigkeit und Belastbarkeit geben.

Ein auf den ersten Blick sympathisch wirkender Mensch ist nicht unbedingt auch ein guter Kandidat für einen Posten, und ein geeigneter Kandidat muss nicht unbedingt auf den ersten Blick sympathisch wirken. Wichtig ist der zweite Eindruck, der zweite Gedanke.

Reflektierte Entscheidungen haben zwei große Nachteile: Zum einen kosten sie häufig viel Zeit und Nerven, zum zweiten sind sie für Situationen und Probleme größerer Komplexität und Tragweite ungeeignet und führen dann selten zu guten Ergebnissen. Dies hängt mit der äußerst beschränkten Verarbeitungskapazität unseres Arbeitsgedächtnisses und der damit verbundenen Konzentrationsfähigkeit zusammen. Man kann nur ungefähr fünf einfache Dinge im Kopf behalten und nicht mehr als zwei Vorgänge gleichzeitig intensiv verfolgen (auch das ist schon schwer); bei dreien nimmt die allgemeine Aufmerksamkeit drastisch ab, und man muss mit seiner Aufmerksamkeit dann hin und her springen. Dasselbe gilt für mehr als zwei Faktoren, mit denen man gleichzeitig gedanklich hantieren soll. Am leistungsfähigsten ist unser Aufmerksamkeitsbewusstsein dann, wenn es sich voll und ganz in eine Sache vertiefen kann.

Ebenso zeigt sich, dass ein fortgesetztes Nachdenken und Diskutieren, bei dem immer neue Argumente und Aspekte vorgetragen werden, meist die Entscheidungslage schwieriger statt einfacher machen (die Verwirrung wird größer). Meist kommt es dann zu einem Abbruch und einer höchst affektiven Schlussentscheidung, nur damit der Entscheidungsstress aufhört oder man im Zeitlimit bleibt.

Aufgeschobene intuitive Entscheidungen sind am besten, wenn es um komplexe Problemsituationen geht. Wichtig ist dabei, nur eine begrenzte Zeit dem Nachdenken zu opfern. Dabei sollte man sich auf die Hauptfaktoren konzentrieren und sich nicht im Nebensächlichen verlieren. Dann sollte man nicht mehr nachdenken, sondern die Sache »überschlafen« oder etwas ganz anderes tun und anschließend mehr oder weniger spontan entscheiden. Wenn man z. B. etwas Bestimmtes kaufen will und sich im Geschäft nicht entscheiden kann, dann sollte man dem Drängen der Begleiterin oder des Verkäufers oder dem Zeitdruck nicht nachgeben, sondern das Geschäft verlassen, nach einer Stunde oder am nächsten Tag (aber nicht später!) wiederkommen und dann das kaufen, was einem spontan am passendsten erscheint.

Natürlich sind diese aufgeschobenen intuitiven Entscheidungen keine Bauchentscheidungen, denn das rationale und emotionale Abwägen zu Beginn ist sehr wichtig. Dadurch werden nämlich Netzwerke im Vorbewussten angestoßen, die dann weiterarbeiten, auch wenn wir nicht mehr bewusst über das Problem nachdenken. Das heißt nicht, dass sich die Probleme »von selbst« durch einfaches Ruhen lösen lassen, sondern das Vorbewusste hat Zeit, sich damit zu befassen. Es rechnet sozusagen weiter, während sich der bewusste Verstand mit etwas Anderem beschäftigt.

Fazit

Die besten Entscheidungen sind diejenigen, mit denen wir auch nach längerer Zeit noch zufrieden sind. Dies sind diejenigen Entscheidungen, bei denen unser Verstand und unsere Gefühle bzw. Intuitionen übereinstimmen. Rationale Entscheidungen gegen die Gefühle mögen objektiv richtig sein, sie werden uns aber unbefriedigt lassen, ebenso wie emotionale Entscheidungen gegen den Verstand. Das meinen wir, wenn wir sagen, dass eine Entscheidung nicht nur vernünftig sein darf, sondern dass wir mit ihr auch »leben« können. In jedem Fall sollten wir spontane Entscheidungen vermeiden, sofern wir dies überhaupt können, denn unser spontan entscheidendes Gehirn rät uns zumindest in komplexeren Situationen meist falsch, gerade wenn es zur Eile drängt. Stress engt das Denken ein. Vielmehr sollten wir uns eine gewisse, aber nicht zu lange Zeit lassen zum Nachdenken und zur Beratung mit anderen und danach intuitiv entscheiden.

Das hat schon vor zweitausend Jahren der römische Historiker und Schriftsteller Tacitus über die Germanen geschrieben: Sie diskutieren bei abendlichen Treffen ausführlich und heftig bei Bier bzw. Met, und wenn sie am nächsten Morgen wieder nüchtern sind, dann entscheiden sie spontan.

Wir sehen also erstens, dass es im Gehirn nicht ein Entscheidungszentrum gibt, sondern viele, die in unterschiedlicher Weise an unterschiedlichen Typen von Entscheidungen beteiligt sind.

Entscheidungen werden schnell oder überlegt, bewusst, vorbewusst oder unbewusst, rational oder emotional, affektiv oder intuitiv getroffen. Das bewusste Ich ist hieran nur teilweise beteiligt. Das mag zwar unser Selbstwertgefühl beleidigen, aber wir sollten daran denken, dass die besten Entscheidungen diejenigen sind, die nicht affektiv, auch nicht rein rational, sondern intuitiv auf der Grundlage unseres vorbewussten Erfahrungsgedächtnisses getroffen werden.

Literatur

Ekman, P. (1992). An argument for basic emotions. Cognition and Emotion, 6, 169–200.

Ekman, P. (1999). Basic emotions. In T. Dalgleish, T. Power (Eds.), The handbook of cognition and emotion (pp. 45–60). Sussex, U.K.: John Wiley & Sons, Ltd.

Roth, G. (2009). Persönlichkeit, Entscheidung und Verhalten. Warum es so schwierig ist, sich und andere zu ändern (2. Aufl.). Stuttgart: Klett-Cotta.

Klaus-Jürgen Grün

Die Ökonomie der ethischen Entscheidung und die untergeordnete Rolle der Vernunft bei ihrem Zustandekommen

Fehlende Aufklärung

»Wie viele Philosophen sind nötig, um eine Glühbirne auszuwechseln? – Keiner, denn sie sind zu sehr damit beschäftigt, aus der Dunkelheit Vorteile zu schlagen.« Wer über diesen Witz lacht, hat das Wesen der rein akademischen Philosophie unbewusst längst erfasst. Wer darüber nicht lachen kann, ist seinerseits aller Wahrscheinlichkeit nach zu sehr in ihrer Dunkelheit gefangen. Die Entscheidung jedenfalls, ob wir über diesen Kalauer lachen oder nicht, fällt nicht im Bewusstsein und erst recht nicht in der Vernunft.

»Wir können uns doch gar nicht entscheiden«, gab mir während des Göttinger Literaturherbstes 2009 ein Mann aus dem Publikum nach einem Vortrag über den Einfluss der Angst auf unsere Entscheidungen zu bedenken. Ich hatte den Sinn der Bemerkung zuerst nicht verstanden und antwortete dem Mann aus meiner Überzeugung, dass der Mensch geradezu zum Entscheiden geboren sei. Unsere fehlende Instinktsicherheit, die Gegebenheit einer ganzen Reihe von Alternativen zu einer bestimmten Option sowie unsere Fähigkeit zum gedanklichen Probehandeln lieferten uns täglich zahlreiche Beispiele für Entscheidungen.

Aber bald musste ich einsehen, dass die Bemerkung des Mannes auf ein Scheinproblem zielte. Seine Überlegung entsprang der allseits in der Tagespresse und in akademischen Texten zu lesenden Auskunft: Wer den freien Willen leugnet, verneint damit auch die Möglichkeit zur Entscheidung. Der Mann aus dem Publikum neigte offensichtlich zu der plausiblen These, dass er keine Willensfreiheit besitze. Dadurch geriet er in den Konflikt, den zahlreiche Gelehrte nicht interessiert sind aufzuklären, aber auszubeuten verstehen. Sie ziehen ihre Vorteile aus dem im Dunkeln gehaltenen Unterschied zwischen »Entscheidungen treffen« und »über die Freiheit des Willens verfügen«. So schreibt etwa Peter Bieri im Geist der Fakultät, der er inzwischen selbst den Rücken gekehrt hat, was ein »Entscheiden ausmacht: als Erkennender und Urteilender über seinen Willen Regie zu führen« (Bieri, 2004, S. 100). Er schließt sich darin der nach wie vor herrschenden Strafrechtsdogmatik an, »die den Grund des Schuldvorwurfs nämlich darin sieht, dass der Mensch auf freie, verantwortliche, sittliche Selbstbestimmung angelegt und *deshalb* befähigt ist, sich für das Recht und gegen das Unrecht zu entscheiden« (Günther, 2005, S. 28; Hervorheb. vom Verf.). Der freie Wille könne also Regie führen, und freie Selbstbestimmung befähige uns zur Entscheidung gegen das Unrecht. Tatsächlich aber trifft keines von beiden zu. Der freie Wille kann keine Regie führen, weil er stets zeitlich erst nach der gefällten Entscheidung auftritt, doch seine Zuständigkeit zurückdatiert. Wie alle Bewusstseinsphänomene entsteht er sehr langsam im Vergleich zu den unbewusst sich als Emotionen und Gefühle äußernden Erwartungen, Ängsten und Befürchtungen. Ebenso wenig kann die freie Selbstbestimmung die Entscheidung gegen das Unrecht herbeiführen, wenn nicht die Erwartung von Glück oder die Befürchtung von Unglück als die entscheidenden Motivationshilfen hinzutreten.

Jenen beiden Behauptungen liegt der falsche Schluss zugrunde, dass aus dem Anschein, es gingen unsere Entscheidungen unseren Handlungen voraus und wirkten auf Prozesse im Gehirn ein, deren Konsequenz dann die Handlung sei, auch folge, dass es sich in Wirklichkeit genau so verhalten müsse. Sie bedienen sich der Intuition, dass der Mensch anders wollen könne, als er will. Keine richtig angewandte Denkregel und keine empirische Erfahrung können diese Intuition jedoch stützen oder gar beweisen. Doch viele traditionelle Thesen der Philosophie und der Theologie führen auch heute noch ihre Legitimation auf die falsche Anwendung von Denkregeln zurück und verbreiten dadurch Dunkelheit.

Welche Verwirrung die falsche Logik der unzähligen Schriften über die Bedeutung des freien Willens angerichtet hat, erkennen wir nicht zuletzt aus der oben zitierten Vorstellung der öffentlichen Meinung. Die falsche Vorstellung unter Gelehrten und im Alltagsverstand über das Zustandekommen unserer Entscheidungen macht es erforderlich, geduldig stets von Neuem zu wiederholen, dass Willensfreiheit buchstäblich nichts mit Entscheidung zu tun hat. Denn von der einen Seite aus betrachtet, steuern uns Erwartungen und Befürchtungen in Fällen, die die Wahl zwischen verschiedenen Alternativen zulassen. Dabei wird schließlich eine Option dominant und führt zum Handeln. Doch im Kampf um diese Dominanz, der sich vorwiegend in unbewussten und vorbewussten Arealen unseres Gehirns abspielt, hat das, was unter Willensfreiheit verstanden werden soll (»Ich kann anders wollen, als ich will«), keine Bedeutung.

Von der anderen Seite aus betrachtet, folgt aus dem diffusen Erlebnis, dass ich eine Entscheidung aufgrund eines freien Willens getroffen hätte, nichts über das Zustandekommen dieser Entscheidung. Auch aus dem Erlebnis, dass unser »Ich« sich uns darstellt, als sei es niemals entstanden und könne unabhängig von irgendwelchen leiblichen Konstellationen unvergänglich fortexistieren, sollten wir besser nicht folgern, dass wir unsterblich seien. Daher bedeutet auch das bloße Erlebnis, das ich haben könnte, wenn ich entscheide, eine Abfolge von Geschehnissen in Gang zu setzen, nichts über das tatsächliche Zustandekommen dieser Entscheidung. Wie uns nicht nur aus Experimenten mit hypnotisierten Menschen oder aus Erlebnissen mit Hirnschrittmachern und Tiefenhirnstimulation (vgl. hierzu den Beitrag von Michel Friedman in diesem Band), aber auch aus den zahlreichen Experimenten zur Manipulation unserer Entscheidungen bekannt ist, kann das Erlebnis, einen freien Willen geäußert zu haben, sehr gut auch dann auftreten, wenn eine Entscheidung oder eine Handlung eindeutig von dritten Personen verursacht wurde.

Das Erlebnis, einen freien Willen zu besitzen, enthält demnach keinerlei Aussage darüber, ob eine Handlung wirklich von einem freien Willen verursacht war. Manchmal teilt Wissenschaft den Menschen etwas mit, was der Wahrnehmung ihrer Erlebnisse widerspricht. So verhielt es sich mit der kopernikanischen Wende, mit der Entdeckung des Unbewussten und mit der biologischen Abstammungslehre. Es ist allerdings keine ergiebige Forschungsfrage, den mutmaßlich freien Willen beweisen oder widerlegen zu wollen.

Sehr viel ergiebiger ist die Frage, warum eine Entscheidung wertvoller sein sollte, wenn sie aufgrund des mutmaßlich freien Willens getroffen worden wäre. Es ist merkwürdig, dass über diese Frage in der akademischen Philosophie ein kommunikatives Schweigen gelegt ist. Dennoch existiert eine philosophische Tradition jenseits des Akademischen, die der Aufklärung der Annahme eines freien Willens als dem höchsten Qualitätsmerkmal gewidmet war. An zwei nach wie vor gültige Antworten auf die Frage, warum eine Handlung als wertvoller eingeschätzt wird, wenn sie nicht dem deterministischen Kalkül von ökonomischen Zwecken und Nützlichkeiten unterworfen scheint, möchte ich im Folgenden erinnern. Anschließend werde ich zeigen, wie sich diese kritischen Haltung gegenüber der Möglichkeit vernunftethischer Entscheidungen einfügt in eine ökonomische Betrachtung der Ethik. Schließlich werde ich darlegen, wie sich ethisch-moralische Entscheidungen integrieren in das System der ökonomischen Entscheidungen, denen zufolge wir aus einer Reihe von Optionen diejenige auswählen, die uns ein Mindestmaß an Frust und ein Höchstmaß an Glück erwarten lassen. Bislang stehen ausschließlich Denkgewohnheiten den genannten Gedanken entgegen.

Effekte an sich

Friedrich Nietzsche spricht von »Effekten an sich«, um den Größenwahn zu entlarven, der sich im Dunkeln des Unbewussten versteckt hat, während sich ein Individuum im ethischen Argument verkleinert. In der gegen die Bildungsphilister seiner Epoche gerichteten unzeitgemäßen Betrachtung »Vom Nutzen und Nachteil der Historie für das Leben« führt Nietzsche den Begriff der »Effekte an sich« ein (Nietzsche, 1999, S. 261). Für Nietzsche sind die Effekte an sich das Kriterium der »monumentalischen Historie«. Diese ist von eigentümlicher Attraktivität für solche Individuen, denen die Last des Daseins in der Gegenwart nur zu ertragen ist, wenn sie sich daran erinnern dürfen, dass es große Menschen mit großen Ideen und ebenso großem Schaffensdrang gegeben habe. Nietzsche denkt an die Caesars, die Goethes, die Newtons, die Napoleons. Weil es die Weltgeschichte einmal vermocht habe, solche welthistorischen Individuen und ihre großen Taten hervorzubringen, sollte dies auch jederzeit wieder möglich sein. Jeder darf also den Traum träumen.

Diese verbreitete träumerische Denkweise – so erkannte Nietzsche richtig – leidet unter einer sträflichen Vernachlässigung der Kategorie der Ursache. In dieser Vernachlässigung bildet sich die Vorstellung von Effekten an sich. Diese entstehen scheinbar aus dem Nichts. Jedenfalls ist der Mensch besessen von dem Glauben, dass er sie jederzeit selbst hervorbringen könnte – geradezu wie eine Erschaffung der Welt aus dem Nichts. Er müsse nur ausreichend wollen.

Effekte an sich sind die von ihren Ursachen losgelösten Resultate. Sie scheinen sich souverän verschieben zu lassen. Als eine Ansammlung einzelner großer Taten und Ereignisse könne man sie festhalten, wie eine bare Münze einstreichen und nach Belieben wieder ausgeben. Es scheint, als seien sie unverursacht, ohne eine kausal wirkende Vorgeschichte – nur hervorgebracht, von tatkräftigen Individuen, die sich spontan zu Großem entschlossen haben.

Nietzsche erkannte auch, dass die Vorstellung solcher Effekte an sich, solcher unverursachter Ursachen, für die Menschen einen unendlichen Nutzen haben. Dies verkennen viele Verächter der Illusion des freien Willens der Menschen in Geschichte und Gegenwart. Sie übersehen, dass der Mensch in den meisten Fällen die Einsicht in seine Bedeutungslosigkeit nicht ertragen kann. Sein Narzissmus sagt dem Menschen, dass er kann, wenn er nur will. Und was er will, sei nicht der Effekt am Ende einer deterministischen Kausalkette, die auch ohne die Intervention seines bewussten Ich zustande gekommen wäre, sondern die notwendige und hinreichende Bedingung für Effekte an sich.

Freiheit bestimmte Immanuel Kant als die Fähigkeit, einen Vorgang von selbst anfangen zu können. Hier hatte Kant das Läuten vernommen, wusste aber nicht, wo die Glocken hängen. Was demnach als Folge jener Wirkung von Freiheit entsteht, sind nämlich Nietzsches Effekte an sich. Sie verdanken sich keiner Ursache, sondern der Wirkung einer qualitas occulta, einer Kraft, deren Herkunft und Stärke wie Kants »Kausalität aus Freiheit«

im Dunkeln bleibt und sich nicht aus vorhandenen Kräften ableiten oder bestimmen lasse. Daher entziehe sich dem Licht der Ursachenforschung die Komponente einer Handlung, die nur durch freien Willensentschluss den Effekt maßgeblich beeinflusste. Stets komme also – in der Wahrnehmung der Menschen – ein in Größe, Stärke und Richtung unbestimmbarer Aspekt der Freiheit zu einer menschlichen Handlung hinzu.

Einem Menschen, dem eine philosophische oder eine naturwissenschaftliche Theorie zumutet, seine Handlungen nicht mehr als Effekte an sich verstehen zu dürfen, fügt dem Individuum eine Kränkung zu. Denn das Individuum soll sich damit abfinden, dass es nicht gottähnlich sei. »Um zu verbergen, dass etwas nicht da ist, wird der Schein des Fehlenden ins Extrem gesteigert« schreibt der Narzissmusforscher Wolfgang Schmidbauer (2003, S. 186).

Aristoteles hatte weise erkannt, dass ein treffender philosophischer Begriff für Gott der »unbewegte Beweger« oder die »unverursachte Ursache« sei. Allen Vorstellungen von Gott entspricht es, jene Effekte an sich hervorbringen zu können. Nichts weniger als das gesamte Universum ist aus der Sicht des frommen Christen oder Moslems ein solcher Effekt an sich. Denn aus freien Stücken, ohne Zwang oder an eine andere Naturnotwendigkeit gebunden gewesen zu sein, habe »ihr« Gott die Welt erschaffen. Er hätte es auch unterlassen können. Und diesem Gott dürfen Gläubige sich ähnlich wähnen und mit ihm dürfen sie sich identifizieren. Fehlt den Menschen diese Identifikation, werden die meisten von ihnen eine erheblich Störung ihres Selbst erleben müssen.

Vor diesem Hintergrund verstehen wir die traditionsreiche Geschichte der Abwehr der Einschränkungen der Freiheit und Allmacht Gottes. Schon im 13. Jahrhundert hatte der Bischof von Paris den Gelehrten der dortigen Universität verboten zu behaupten, dass es nicht in der Macht Gottes und seiner Verfügungsgewalt aus Freiheit stehe, die Schöpfung auch unterlassen haben zu können. Wer die Macht Gottes an die determinierende Naturnotwendigkeit binden wollte, beging damals ein Sakrileg.

Aufgrund des freien Willens seines Gottes beim Erschaffen der Welt darf sich der Mensch nämlich verstehen, als sei das gesamte Universum nur für ihn geschaffen worden. Von diesem grenzenlosen Narzissmus tritt im Bewusstsein des frommen Menschen allerdings keine Spur auf. Die Ökonomie der Trennung der bewussten von den unbewussten Wahrnehmungen leistet hier die größtmögliche Sinnstiftung. Würde dieser Narzissmus im Bewusstsein eines Menschen auftreten, der seinen Lebens- und Arbeitssinn aus dem frommen Gottesglauben schöpft, käme dies einer Psychose gleich, die ihn lebens- und arbeitsuntüchtig machte. Solange dieser Größenwahn allerdings im Unbewussten verharren kann, erzeugt er im Individuum die Kraft, die »Berge versetzt«.

Die größte Kränkung des Narzissmus der Menschen war es stets, wenn er die Angst aushalten musste, nicht gottähnlich sein zu dürfen. Doch in der Vorstellung vom freien Willen erlebt der Mensch seinen Wunsch nach Gottähnlichkeit wieder als eine Realität. Sie sichert ihm das Gefühl, dass eine Handlung nur dadurch zustande gekommen sei, dass sein freier Willensentschluss diese in die Wirklichkeit gesetzt habe. Er hätte sie wie Gott bei der Erschaffung der Welt auch unterlassen können. Nirgendwo anders darf der Mensch in der aufgeklärten Welt noch seine ersehnte Gottähnlichkeit empfinden, wenn nicht in der Vorstellung vom freien Willen. Und nur unter der Bedingung, dass eine Handlung sich nicht vollständig in die Kette der natürlich determinierenden Bedingungen einfügt, ist diese Vorstellung der Gottähnlichkeit des Menschen zu erleben.

Von dieser Seite aus können wir verstehen, warum weder philosophische Theologen noch theologische Philosophen in unserer Gegenwart bereit sein können, die Vorstellung von einem freien menschlichen Willen zugunsten einer wissenschaftlich einwandfreien Beschreibung des Zustandekommens einer menschlichen Handlung aufzugeben. Angesichts der globalen Katastrophen aber, die mit beispielloser Breitenwirkung heute das Angstbedürfnis der Menschen befriedigen, ist inzwischen wenig Raum für das Großdenken der Menschen von sich selbst übrig geblieben. Statt weitere Kränkungen seines Selbst zuzulassen, wird er sinnstiftende Heilslehren wahrscheinlich zunächst freundlicher begrüßen als deterministische Beschreibungen seines Seelenlebens.

Nietzsche erkannte, was die Kleinheit des Menschen ausmacht: seine Sinnsucht. Denn wie soll der Mensch den Mut und die Kraft aufbringen, Großes zu leisten, wenn er sich dabei nicht mehr selbst groß fühlen darf? Groß für den Menschen sind die Effekte an sich:

unter gleichen Bedingungen wären sie niemals entstanden, wenn nicht das einzigartige, unverursachte und unerzwungene »Ich-will-es« sie in die Welt gesetzt hätte.

Dass Nietzsches Diagnose nicht falsch war, belegen selbst die Auskünfte redlich argumentierender Theologen. »Wenn wir das Böse nicht mit dem Willen tun, fällt das ganze Christentum dahin« (Bernhart, 1987, S. 875). Für die christlich-abendländische Vorstellung vom Bösen ist das Konzept eines freien Willens unverzichtbar. Ideologien des freien Willens transportieren daher die Verteidigung der christlichen Kirchen in die Welt hinaus. Eine wissenschaftliche Betrachtung des Zustandekommens unserer Entscheidungen und unserer Handlungen hat demnach die gleichen Hürden zu überwinden, wie sie aus der Geschichte der wissenschaftlichen Revolutionen bekannt sind.

Der Fehlschluss vom Wünschen aufs Wollen

Die Verteidigung von Positionen eines religiösen Glaubens ist legitim. Wo sie sich allerdings der Verbreitung falscher Denkgesetze bedient, führt sie auf Irrwege und behindert die Ausbildung des richtigen Gebrauchs unserer Denkfähigkeit. In allen Argumenten gegen die heute von Hirnforschern am stärksten forcierten naturalistischen Erklärungen des Zustandekommens unserer Entscheidungen und Handlungen tritt ein typischer Denkfehler auf: das Verwechseln des Wünschens mit dem Wollen, auf das bereits Schopenhauer (1977, S. 56) hingewiesen hatte. Es wird dabei das Interesse mit einer Notwendigkeit gleichgesetzt. Wir begegnen darin der von Nietzsche bereits beklagten sträflichen Vernachlässigung der Kategorie der Ursache.

So hat sich beispielsweise die amerikanische Templeton-Foundation zum Ziel gesetzt, ganz nach kreationistischer Art den Dogmen der christlichen Religion durch Förderung geeigneter Forschungen an Universitäten feste Vernetzung im wissenschaftlichen Betrieb zu verschaffen. Gegen dieses Interesse gibt es auch keine Einwände. Unredlich ist allein das Verschleiern dieses Interesses hinter dem Nebel moralischer Pflicht. Wie dies geschieht, erleben wir regelmäßig nicht nur in Frankfurt am Main.

Die Absichten der Stiftung vertreten u. a. die Veranstalter der »Frankfurter Templeton Lectures« mit ihrer Ringvorlesung für die Jahre 2009/2010. Im Dunkel des Denkfehlers, der Interessen hinter moralischer Pflicht versteckt, möchten die Veranstalter religiöse Aspekte mit wissenschaftlichen Fragen vermischen. Im Rahmen der Ziele der Templeton-Foundation kündigen sie zur Frage »Was ist der Mensch?« Antworten von Theologen, Religionswissenschaftlern und einem Mitglied einer religiösen Organisation – der Deutschschweizerischen Ordinarienkonferenz – an. Indem es sich bei Letzterem um einen Mediziner handelt, der sich mit den naturalistischen Thesen der Hirnforscher befasst, wird der Anschein der Kompetenz in sachlichen Fragen erweckt. Tatsächlich steht vor Beginn der Ringvorlesung fest, dass alle anzuerkennenden Antworten aus dem Denkhorizont der christlichen Kirchen nicht herausragen dürfen, denn es ist insbesondere die Deutschschweizerische Ordinarienkonferenz an erster Stelle »mit kirchlichen Fragen befasst« (Ordinarienkonferenz, 2010).

Aufschlussreich im Sinne des Denkfehlers ist die bereits in der Ankündigung der Ringvorlesung beschriebene Absicht, »dass neben den wichtigen Erkenntnissen, die uns die modernen Naturwissenschaften liefern und die es zu beachten gilt, auch andere wesentliche Eigenschaften des Menschen in eine solche Konzeption einfließen müssen« (TRL-Frankfurt, 2010). Der gewöhnliche Verstand, dessen Erwartungshorizont mit dem der Templeton-Stiftung und dessen Frankfurter Ringvorlesung übereinstimmt, bemerkt freilich nicht, dass ihm mit einem einzigen Wörtchen ein fundamentalistisches Denkklima eingeimpft wird: dass »andere wesentliche Eigenschaften des Menschen in eine solche Konzeption einfließen *müssen*«. Keineswegs »müssen« religiöse oder kirchliche Konzepte in das neue Bild vom Menschen einfließen. Aber es ist verständlich, dass Kirchen ihre Interessen mit dem Anschein der Wissenschaftlichkeit in der Gesellschaft zu festigen »wünschen«. Es versteht sich von selbst, dass die Verschleierung der eigentlichen Motive genau derjenigen Denkökonomie folgt, von der in den genannten Denksystemen keine deutlichen Worte erwünscht sind.

Falsche Reden

Der psychologischen Antwort Nietzsches auf die Frage, warum Handlungen aus Willensfreiheit für die meisten Menschen etwas »Besseres« darstellen als determinierte Handlungen, setzte Ludwig Wittgenstein eine sprachanalytische Antwort zur Seite. Wie Nietzsche überführte auch er ethische Argumente, die sich auf jenseits aller Erfahrung liegende absolute Werte berufen, ihrer Unredlichkeit. Er erkannte ebenso wie Nietzsche den religiösen Charakter solcher Argumente. Systematischer legte er jedoch dar, dass alle religiösen Aussagen auf Argumenten beruhten, die aus dem Erfahrungsbereich genommen und unredlicherweise so verwendet würden, als hätten sie auch eine Aussagekraft für Bereiche, die jenseits aller Erfahrung liegen. Mit Recht nannte Wittgenstein dieses Verfahren einen »Missbrauch der Sprache«.

Aber erst der biologische Zusammenhang gibt auch Aufschluss darüber, was im Paradigma der sprachanalytischen Philosophie Wittgensteins nicht sinnvoll erfasst werden kann: die Antwort auf die Frage, warum in ethischen Argumenten der Missbrauch die Regel und das Wünschenswerte darstellt, der Gebrauch jedoch als ein Malheur gilt. Wittgensteins Kernthese, dass die Bedeutung eines Ausdrucks die Art und Weise ist, wie er gebraucht wird, bildet zunächst die Vorstufe zum Verständnis der Ökonomie der Sprache und des Sprechens. Sprache wird durch eine Denkökonomie gebunden an das, was wir tun; und dieses Tun folgt seinerseits der Stabilisierung biologischer Lebensfunktionen. Die Rede vom Missbrauch der Sprache verweist auf die Fehler, die entstehen, wenn wir der Sphäre der Sprache einen eigenen Wert zuschreiben, der unabhängig von den Zwecken des Tuns Gültigkeit zu beanspruchen scheint.

Um der falschen Verwendung von Denkregeln auf die Spur zu kommen, ist es hilfreich, den Mechanismus des Missbrauchs genauer zu betrachten. Der Missbrauch der Sprache liegt vor, wenn wir etwa sagen: »Es ist nötig, an Gott zu glauben.« Dabei tritt die aus dem Alltag gewonnene Sprachverwendung auf, wie sie auch dem Ausspruch zugrunde liegt: »Es ist nötig, zeitig aufzustehen.« Während aber die Herkunft des letzteren Ausspruchs sinnvoll ist, weil sie im Alltagsgebrauch stets an eine Bedingung geknüpft bleibt, verliert der erste Ausspruch seinen Sinn, wenn die Bedingung wegfällt. »Es ist nötig, zeitig aufzustehen« ist deswegen ein sinnvoller Satz, weil wir stets die Bedingung hinzudenken, unter der der Satz ausgesprochen wird. »Es ist nötig, zeitig aufzustehen, weil du sonst den Zug verpassen wirst«; oder »weil du sonst mit deiner Arbeit nicht fertig wirst«.

Wir missbrauchen allerdings Sprache, wenn wir den Ausspruch von der Bedingung, die der Satz in der Alltagssprache jeweils nach sich zieht, ablösen und etwa sagen: »Es ist *überhaupt* nötig, zeitig aufzustehen.« In diesem falschen Sinn aber verwenden religiöse Menschen ihre Forderung: »Es ist nötig, an Gott zu glauben.« Sinnvoll wäre der Satz allenfalls, wenn wir sagen könnten: »Es ist nötig an Gott zu glauben, weil du die Zufälligkeit deiner Existenz andernfalls nicht ertragen kannst.« Aber gottesfürchtige Menschen glauben, dass man an Gott glauben müsse, ganz unabhängig davon, welchen Nutzen dies für uns haben könnte. Sie glauben nämlich, dass Gott es von ihnen fordere, an ihn zu glauben. Hier begegnen wir wieder dem oben eingeführten Narzissmus, von der der Gottesfürchtige selbst nichts spürt: die Anmaßung, den Willen Gottes zu kennen und ihm zufolge entscheiden und handeln zu können.

Der wesentliche Nebensatz: »weil […]«, wird vom frommen Sprecher als eine Zumutung empfunden. Wer den Satz so verwendet, dass er sagte: »Es ist nötig, an Gott zu glauben, *weil* […]«, würde bei frommen Menschen Befremden auslösen. Sie würden ihm entgegnen: »Es ist nötig, an Gott zu glauben – fertig!« So weist eine auf den mutmaßlichen Willen Gottes gestützte Ethik den utilitaristischen Gedanken naturgemäß weit von sich. Nicht eine Denkökonomie oder die Sicherung der Lebensumstände soll in dieser falschen Denkweise zum Handeln motivieren, sondern die Pflicht zur Erfüllung des göttlichen Willens.

Der Missbrauch beruht auf der stillschweigenden Verwandlung einer an Bedingungen geknüpften Forderung in eine bedingungslose Forderung. Denn die Herkunft unserer Sprache ist im Ausdruck der Bedingungszusammenhänge zu suchen. Allerdings lässt es die Grammatik der Sprache zu, Sätze zu bilden, die ähnlich aussehen, aber keine Bedingungszusammenhänge beschreiben. Fälschlicherweise halten wir diese Sätze dann immer noch für sinnvoll.

»Wer Sorgen hat, der hat auch Schnaps.« Solche »Weisheiten« bedienen sich des Missbrauchs der Sprache auf fruchtbare Weise. Einerseits setzen sie voraus, dass jeder unbewusst verstanden habe, dass man Sorgen nicht auf dieselbe Weise haben kann wie Schnaps. Es liegt also eine missbräuchliche Verwendung des Wörtchens »hat« vor. Aber dieser Missbrauch zieht andererseits einen Erkenntnisfortschritt nach sich, weil wir dadurch in ökonomisch knapper Form die – nicht wünschenswerte – Austauschbarkeit von Schnaps und Sorgen beschreiben sowie den Wunsch, die Sorgen so haben zu können wie den Schnaps, nämlich dass man sie einfach entsorgen könnte, und dann wären sie weg.

Im Rahmen von Ethik und Religion ist der Missbrauch der Sprache jedoch nicht mehr lustig. Im Bereich der Ethik geschieht laut Wittgenstein der Missbrauch durch das Wörtchen »gut«. »Es ist gut, Maria beim Umzug zu helfen« sieht grammatikalisch genau so aus wie der Satz: »Der Möbelwagen ist angekommen.« Tatsächlich aber wird das Hilfsverb »ist« in Verbindung mit dem Adverb »gut« im ersten Fall in präskriptiver Weise verwandt und im zweiten Fall in deskriptiver Bedeutung. Während der erste Fall ein Geschmacksurteil enthält, in welchem der Sprecher seine persönlichen Interessen zu einer allgemeinen Pflicht ummünzt, beinhaltet der zweite Fall eine sinnvolle Aussage.

Es handelt sich im Fall des Geschmacksurteils um den »deskriptiven Fehlschluss«, weil ein als Vorschrift (Präskription) gemeinter Satz den Adressaten so angeboten wird, als handele es sich um eine bloße Beschreibung (Deskription). Das Manöver ist besonders beliebt bei Menschen, die ihre eigenen Neigungen und Interessen anderen als eine Pflicht unterstellen wollen. (»Arbeitsplätze dürfen nicht vernichtet werden«; »Mindestlöhne sind untragbar«; »soziale Gerechtigkeit ist ein absoluter Wert«; »Frauen und Behinderte sollen bevorzugt werden«.) Alle ethisch-moralischen Forderungen bedienen sich dieses Mechanismus, nach welchem persönliche Geschmacksurteile oder Interessen so formuliert werden, als folgten sie aus einer allgemeinen Pflicht und nicht aus einer individuellen Neigung. Dadurch wird ein allgemeines Interesse unterstellt, das freilich nicht immer notwendig gegeben sein muss.

Wittgenstein verwendet in seiner »Lecture on Ethics« das Beispiel: »Diese Straße ist gut.« So lange wir die aus dem gewohnten

Sprachgebrauch vertraute Bedingung hinzudenken, dass die Straße gut *für etwas* sein muss – um schnell zum Ziel zu kommen; um wenig Verkehr zu erleben; um keine Baustellen zu haben –, befinden wir uns auf der sinnvollen Seite. Wollte uns jedoch jemand den unbedingten Sinn des Gut-Seins abfordern, müsste er allerdings die Sprache missbrauchen. In diesem besonderen Fall bemerkten wir freilich alle den Missbrauch. Wollte uns nämlich jemand weismachen: »Diese Straße ist gut, in einem unbedingten Sinn, nicht in einem utilitaristischen, sondern absoluten Sinn. Diese Straße ist gut an sich«, so nähmen wir seine Vorschrift nicht ernst. Es gibt nämlich keine »an sich gute« Straße.

Aber im ethischen und religiösen Sinn verlangen uns Philosophen und Theologen unentwegt das Anerkennen eines solchen unbedingten Guten ab. Wittgenstein verweist also zu Recht darauf, dass die Beschreibung eines im unbedingten Sinne Gut-Seins die Grenzen unserer Sprache überschreiten würde.

Schärfer noch fällt seine Abwehr des religiösen Missbrauchs der Sprache aus. Die klassische Frage der Metaphysik: »Warum ist überhaupt etwas, warum ist nicht vielmehr nichts?«, entsteht Wittgenstein zufolge aus der unstatthaften Übertragung einer gewöhnlichen Formulierung auf den Bereich, in dem diese ihren Sinn verliert. Sollte nämlich ein Mensch eine ganz spezielle Erfahrung gemacht haben, als deren Resultat ihm das Bedürfnis entstünde zu sagen: »Jetzt wundere ich mich aber über die Existenz der Welt«, dann beruht dieses Wundern auf dem Missbrauch der Sprache. Denn der Ausdruck: Ich wundere mich über […] (das schiefe Dach; den Verkehr auf der Straße; das schlechte Essen und vieles mehr) stammt immer aus dem Wissen, dass es auch anders sein könnte. Das Wundern über einen warmen Winter gewinnt seinen Sinn aus dem Wissen, dass Winter eben auch heutzutage noch kalt und weiß sein können. Der Ausdruck: Ich wundere mich über die Existenz der Welt, stammt jedoch nicht aus der Erfahrung des Anders-sein-Könnens, nämlich der Nicht-Existenz der Welt. Die Vorstellung der Nicht-Existenz der Welt ist Unsinn, denn sie wäre immer die Vorstellung von existierenden Menschen. Durch die Tat, nämlich selbst zu existieren, widersprächen sie der expliziten sprachlichen Auskunft: »Es existiert nichts!« In allen Fällen solcher performativer Widersprüche hat das Faktum – das

Existieren – Vorrang vor dem Denken und Sprechen. Der Ausdruck beruht daher auf einer fehlerhaften Anwendung der Sprache und nicht auf dem vom Sprecher vermeinten religiösen Welterlebnis. Fehlerhaft ist die Verwendung der Sprache deswegen, weil sie nicht das empirische Faktum zum Ausdruck bringt, sondern durch Sprachmagie den Anschein erweckt, diese Fakten wegsprechen zu können.

Ethische und religiöse Argumente, die sich einen unbedingten Sinn erschließen möchten, beruhen auf einem ähnlichen Denkfehler. Dieser Denkfehler liegt in der unüberprüfbaren Annahme, es gebe absolute Werte oder das Absolute selbst – »das Gute« oder »das Böse«. Wer sich diesen Absoluta widmet, erweckt bei sich und anderen den Anschein des Tiefsinns, der vielen das Gefühl vermittelt, mit einer wichtigen Sache beschäftigt zu sein. Aber der Schein der Wichtigkeit ist gefährlicher als die Gefahr selbst. Papst Paul VI. war nicht das letzte Oberhaupt der Katholiken, der wiederholt die Abwehr des Teufels als die dringendste Aufgabe der Kirche überhaupt gesehen hatte (zit. nach Richter, 2008, S. 188). Tatsächlich aber betreibt er wie viele andere auch einen Missbrauch der Sprache, der ihm keinen Erkenntnisfortschritt wird vermitteln können, sondern nur einen dunklen Nebel über tatsächliche Vorgänge verbreitet. Menschen, die sich aus religiösen Gründen falscher Denkregeln bedienen, richten auch einen gesellschaftlichen Schaden an, weil sie über soziale Druckmittel andere zu einem falschen Gebrauch des Denkens nötigen. Sie behindern Aufklärung über diesen Missbrauch und geben kein wünschenswertes Beispiel pädagogischer Verantwortung ab. Daher schreibt Wittgenstein zu Recht in der genannten Vorlesung: »Who ever tried to write or talk Ethics or Religion was to run against the boundaries of language. This running against the walls of our cage is perfectly, absolutely hopeless. Ethics so far as it springs from the desire to say something about the ultimate meaning of life, the absolute good, the absolute valuable, can be no science. What it says does not add to our knowledge in any sense« (Wittgenstein, 2006, S. 258).

Der kategorische Imperativ ist hypothetischer Natur

Nietzsches Nachweis des Narzissmus im Glauben an den freien Willen und Wittgensteins These vom Anrennen gegen die Grenzen der Sprache führen gleichermaßen die Rede von einem kategorischen Imperativ ad absurdum. Der kategorische Imperativ stellt das berühmteste Beispiel dar, in dem wir eigene Interessen als vermeintlich interesselose Pflichterfüllung im Dienste der Allgemeinheit ausweisen. Indem Wittgenstein die Bedeutung von sprachlichen Zeichen im Wesentlichen durch die Art und Weise festlegt, wie sie in einer Sprachgemeinschaft gebraucht werden, kann er bereits zeigen, dass alle Imperative hypothetischer Natur sind und die Annahme eines darüber hinaus gültigen kategorischen Imperativs auf dem Missbrauch der Sprache beruht. Allerdings beinhaltet Wittgensteins Generalabwehr des Ethischen und Religiösen keine Antwort auf die Frage, warum Menschen einen Gewinn aus dem Missbrauch der Sprache ziehen und warum unser Gehirn diesen mit Beharrlichkeit pflegt. Schließlich erfüllen selbst die irrationalen und falschen Gedanken einen Nutzen für das Gehirn.

In einem weiter gefassten Sinn beruht Nietzsches Kritik am moralistischen Absolutismus ebenfalls auf der Einsicht, dass alle Imperative nur hypothetischer Natur sein können. Nietzsche erfasst jedoch, dass das Irrationale die Schwächung durch Sinnverlust bei menschlichen Individuen kompensieren kann.

Gleichwohl wird dadurch der Widerspruch im kategorischen Imperativ nicht beseitigt. Kants Ethik baute sich auf der Überzeugung auf, dass es einen kategorischen Imperativ geben *müsse* – zumindest müsse er sinnvoll denkbar sein. Die Verbindung zwischen kategorischem Imperativ und seinem starken Begriff der Freiheit als dem Bestimmungsgrund des ethisch-moralischen Wollens führt Kant knapp, wenngleich umständlich vor in seiner »Metaphysik der Sitten«, worin er auch die strikte Abgrenzung von den hypothetischen Imperativen (hier »technische« oder »bedingte« genannt) einführt:

»Auf diesem (in praktischer Rücksicht) positiven Begriffe der Freiheit gründen sich unbedingte praktische Gesetze, welche *moralisch* heißen, die in Ansehung unser, deren Willkür sinnlich affiziert und so dem reinen Willen nicht von selbst angemessen, sondern oft widerstrebend ist, *Imperativen* (Gebote oder Verbote) und zwar kategorische (unbedingte) Imperativen sind, wodurch sie sich von den technischen (den Kunst-Vorschriften), als die jederzeit nur bedingt gebieten, unterscheiden, nach denen gewisse Handlungen *erlaubt* oder *unerlaubt*, d. i. moralisch möglich oder unmöglich, einige derselben aber, oder ihr Gegenteil moralisch notwendig, d. i. verbindlich sind, woraus dann für jene der Begriff einer Pflicht entspringt, deren Befolgung oder Übertretung zwar auch mit einer Lust oder Unlust von besonderer Art (der eines moralischen *Gefühls*) verbunden ist, auf welche wir aber (weil sie nicht den *Grund* der praktischen Gesetze, sondern nur die subjektive *Wirkung* im Gemüt bei der Bestimmung unserer Willkür durch jene betreffen und (ohne jener ihrer Gültigkeit oder Einflusse objektiv, d. i. im Urteil der Vernunft, etwas hinzuzutun oder zu benehmen) nach Verschiedenheit der Subjekte verschieden sein kann) in praktischen Gesetzen der Vernunft gar nicht Rücksicht nehmen« (Kant, 1977, S. 315 f.).

Was Kant hier als »kategorisch« bezeichnet, konnte von Nietzsche und Wittgenstein bloß mit rhetorischer Kraft zurückgewiesen werden. Mit den empirischen Methoden der Neurobiologie ist inzwischen deutlich geworden, dass in der Praxis jede vermeintliche Wirkung eines kategorischen Imperativs nichts anderes ist als eine Bedingung zum Erleben von Glück. Keineswegs haben wir es dabei also mit einem bedingungslosen Wirken eines Vernunftprinzips zu tun. Wem es gelingt, ohne Eigeninteresse seine Pflicht zu erfüllen, der kann dies auch nur tun, indem er ein Mindestmaß an Glück dabei erlebt. Er hat »auf anderem Wege […] das Glück der Ruhe erworben«, schreibt Sigmund Freud hierzu in seiner Studie »Das Unbehagen in der Kultur«. »Den gleichen Weg verfolgt man bei ermäßigten Zielen, wenn man nur die Beherrschung des Trieblebens anstrebt. Das Herrschende sind dann die höheren psychischen Instanzen, die sich dem Realitätsprinzip unterworfen haben. Hierbei wird die Absicht der Befriedigung keineswegs aufgegeben; ein gewisser Schutz gegen Leiden wird dadurch erreicht, daß die Unbefriedigung der in Abhängigkeit gehaltenen Triebe nicht so schmerzlich empfunden wird wie die der ungehemmten. Dagegen steht aber eine unleugbare Herabsetzung der Genußmöglichkeiten« (Freud, 2000, S. 211).

Das Belohnungssystem in den Basalganglien unseres Gehirns lässt es nicht zu, dass wir Menschen eine Entscheidung treffen, die uns nicht ein Mindestmaß an Glück in Aussicht stellt. Sollte es also wirklich eine ethische Entscheidung geben, wie Kant sie forderte, die nicht angelegt ist auf den Nutzen, den ein Individuum aus dem Gelingen der gewählten Handlungsalternative ziehen möge, sondern in dem »positiven Begriffe der Freiheit« gründe und dem »unbedingt praktischen Gesetz« entspringe, das als einziges *»moralisch* heißen« dürfe, dann wäre es in dem Moment nicht mehr kategorisch, in dem ein Mensch Glück bei der Erwartung oder Erfüllung einer solchen Entscheidung erlebt. War es ohne genauere Kenntnisse der Hirnforschung noch möglich, eine solche Handlung zu denken, so ist sie mit den Erkenntnissen der Hirnforschung in das Reich des Undenkbaren abgerutscht. Jede Handlung, die ein Mensch ausführen kann, ist aufgrund der biologischen Natur seines Gehirns an die Glückserwartungen seines Belohnungssystems in den Basalganglien gebunden. Dadurch verliert die Rede einer bedingungslosen Motivation, wie sie im kategorischen Imperativ spekulativ vorausgesetzt wird, ihren Sinn. Die Bedingung einer jeden Handlung, auch derjenigen, die rein altruistisch ist, ist das Glücksversprechen, das mit ihrer Planung bereits einhergeht.

Mit diesen Erkenntnissen der Hirnforschung ist der Nachweis erbracht, dass jede Handlung utilitaristisch ist: Die Erwartung, dass die Handlung glücken könnte, muss dem Individuum einen Nutzen versprechen, sonst würde sie nicht den Kampf um die Dominanz im Erwartungshorizont gewinnen können.

Dass jede Handlung utilitaristisch ist, widerspricht zwar dem kantschen kategorischen Imperativ, aber sie widerspricht nicht der goldenen Regel: »Was du nicht willst, dass man dir tu, das füg auch keinem andern zu.« Diese Regel folgt dem Prinzip der Nützlichkeit und dem Glücksversprechen, denn sie bindet die ethisch-moralische Handlung an die Bedingung des eigenen Glückserlebnisses. Daher haben Kantianer die goldene Regel stets auch als einen falschen Vergleich mit dem kategorischen Imperativ ausgewiesen. »Die Verbindung des kategorischen Imperativs mit der traditionellen Regel der Moral oder gar dessen Rückführung auf diese ist verfehlt«, lautet es in einem einschlägigen Kant-Handbuch (Irrlitz, 2002, S. 315).

Das vermeintlich bedingungslose Erlebnis eines Kantianers, dem kategorischen Imperativ zu folgen, oder eines Gottesfürchtigen, den Willen Gottes zu erfüllen, wäre nicht möglich ohne die Aktivierung des Belohnungssystems in den Basalganglien – außer es geschähe auf wundersame Weise. Aber die wissenschaftliche Betrachtung der Welt schließt die Betrachtung einer Welt, in der Wunder geschehen, aus. (Das heißt nicht, wie manche fälschlich behaupten, dass Wissenschaft die Existenz von Wundern widerlegen könnte und wollte. Es gehört bloß nicht zur Art und Weise der Wissenschaft, mit Wundern, okkulten Qualitäten oder vom Standpunkt eines Übernatürlichen aus zu argumentieren.)

Mit diesem Hintergrund erweisen sich viele unserer Theorien über das Zustandekommen des sozialen Verhaltens allerdings als Restbestände eines Wunderglaubens, der sich den Mantel der Wissenschaftlichkeit lediglich übergezogen hat. Aber auch die Vorstellung, dass auf wundersame Weise Entscheidungen und Handlungen zustande kommen könnten, löst bei vielen Menschen ein Glückserlebnis aus. Der Grund, warum Menschen den falschen Gebrauch ihres Denkens zur Regel machen können, liegt in der für sie wenig Glück versprechenden Aussicht der Reden vom »Determinismus«.

Neurowissenschaftliche Forschung zu Fragen des Zustandekommens einer Entscheidung und einer Handlung steht im Widerspruch zu früheren Erklärungen des Handelns. So lange wir keine empirisch begründete Vorstellung vom Zustandekommen einer Entscheidung und der damit verbundenen Rolle des Belohnungssystems hatten, war es noch sinnvoll anzunehmen, es gäbe einen Grund der Entscheidung, der nichts mit Nutzen, Glückserwartung, Neigung und Ähnlichem zu tun habe. Sobald aber empirische Beobachtungen anderes zeigen, hören die traditionellen Annahmen auf, sinnvoll zu sein. Schließlich hätte es auch keinen Sinn mehr zu behaupten, auf dem Grabtuch von Turin sei das Abbild des Gesichts Jesu Christi zu sehen, sobald eindeutig bewiesen würde, dass das gesamte Tuch nicht älter als das Mittelalter ist. Dass solche Erkenntnisse für viele Menschen schmerzlich sind, bedeutet jedoch nicht, dass sie falsch sein müssen.

Unser Belohnungssystem lässt sich manipulieren durch Heil oder Unheil versprechende Worte. Wer sein Heil in einem bestimmten

Denksystem bereits gefunden hat, lässt sich freilich durch den bloßen Begriff »Ökonomie« abschrecken. Menschen verbinden mit diesem Begriff eine Art vollkommener Finanzwirtschaft und es kommt ihnen nicht in den Sinn, dass ihre Abwehr des Ökonomischen seinerseits der Denkökonomie ihres Gehirns folgt, das stets konservativ verfährt und niemals leichtfertig gewohnte Denkzusammenhänge vollständig über Bord wirft. Wenn ein Autor wie Heiner Geißler ins selbe Horn wie die Epigonen der heutigen »Frankfurter Schule« bläst und die zunehmende Ökonomisierung der Gesellschaft geißelt, so weist er zumindest redlicherweise die Herkunft seiner Präferenz deutlich aus. Als ehemaliger Jesuitenschüler hat er das Wertesystem seiner Schule verinnerlicht und erkennt in der Rückbesinnung auf die katholischen Werte das Allheilmittel gegen die Inhumanität des internationalen Finanzsystems: »Die heutige Welt in ihrer geistigen und ethischen Unordnung ist wieder dringend auf den geistigen Beitrag der Kirchen angewiesen«, verkündete er in seiner »Suche nach dem Ort, den es geben müsste« (Geißler, 2009, S. 122).

Ob die Kirchen und die Lust der Menschen an der Dunkelheit des okkulten Denkens die Lösung oder doch eher Bestandteil des Problems sind, wird sich in Zukunft zeigen. Die Welt ist heute nicht schlechter als früher, und nicht jeder muss im Blick zurück auf die guten alten Werte sein Lebensglück finden. Ökonomisierung der Welt bedeutet schon gar nicht, dass Ethik und Moral sinnlos würden. Nichts, was durch die Evolution des Lebens hervorgebracht wurde, ist sinnlos. Nur unsere herkömmlichen Reden über Ethik und Moral werden sinnlos, wenn wir die vom Gehirn angewandte Ökonomie verstanden haben. Die Leistungsfähigkeit und der Nutzen von Ethik und Moral sind längst nicht vollständig entdeckt; sie sind durch akademische Lehren verschleiert, wie in einen Nebel getaucht, den zu lichten freilich diejenigen am wenigsten interessiert sind, die am meisten profitieren vom Dunst der Unklarheit und ihrer dunklen Begriffe.

Überernährung durch Ethik und Moral

Dass wir heute so übermäßig viel von Ethik und Moral hören müssen, hat nichts damit zu tun, dass die Welt und die Menschen schlechter geworden wären. Es hat vielmehr mit der allgemeinen Unaufgeklärtheit der immer zahlreicher werdenden Menschen auf diesem Planeten zu tun. Denn in ethisch-moralischen Fragen beginnen die meisten Individuen stets mit dem gleichen Missverständnis. Es ergibt sich aus ihrer Erfahrung, dass alles, was sie tun, zu irgendetwas gut sein muss. Wenn ich mir keine Erkältung holen will, muss ich mich in der kalten Jahreszeit richtig kleiden; wenn ich nicht zum Klimakollaps beitragen will, muss ich gegen Kohlekraftwerke demonstrieren; wenn wir keine faulen Wertpapiere von Bankern aufgeschwatzt bekommen wollen, müssen wir ihnen Moral beibringen. Daraus schließen sie unter Anwendung der oben beschriebenen falschen Denkregeln, dass es auch das Gute an sich geben müsse.

Tatsächlich gilt aber, dass alle ökonomischen Entscheidungen dem Prinzip des Utilitarismus folgen, denn sie knüpfen jede Handlungsvorschrift an Bedingungen, die mit dem Erreichen eines vorgestellten Zwecks verbunden sind. Wer ständig darüber klagt, dass Menschen nur ökonomisch ausgerichtet seien und deswegen zu wenig Ethik hätten, macht die Welt nicht besser, sondern reinigt sein Gewissen.

Selbst die Annahme einer von Vernunft geleiteten Entscheidung – was immer darunter verstanden werden mag – folgt der Denkökonomie. Denn das Ausleben privater Neigungen erzeugt bei Mitgliedern einer Gruppe meistens ein schlechtes Gewissen, weil der Wert der Gruppe stets höher eingeschätzt wird als der Wert eines Individuums. Im Ernstfall – so hat es sich im evolutionären Prozess als nützlich herausgestellt – müssen die individuellen Interessen hinter den öffentlichen zurücktreten. »Privateigentum ist Raub«; »Individualität ist Erbschuld«; »du bist nichts, dein Volk ist alles«; »frage nicht, was Amerika für dich tun kann, sondern frage, was du für Amerika tun kannst«, lauten verschiedene Formeln für den Vorrang der Interessen der jeweiligen Gruppe von den Interessen bestimmter Individuen. Ethik und Moral beinhalten die Regeln, nach denen dieser Interessenausgleich geschehen soll. Selbst Kants kategorischer Imperativ folgt diesem Prinzip, wenn er fordert, die Maxime eines individuellen Handelns in Einklang mit der Maxime der allgemeinen Gesetzgebung zu bringen. Er ist auch dadurch an evolutionsbiologische Bedingungen geknüpft und schon allein deswegen keine unbedingte Forderung. Vernunftethik leitet sich aus dem Ökonomieprinzip ab, indem es von Menschen im Sinne des Nutzens für die Allgemeinheit fordert, private Interessen zu verschieben.

In unserem bewussten Erleben erzeugen Moralworte oder altruistisches Verhalten im Sinne einer Denkökonomie ein gutes Gefühl, wenn sie einem oder mehreren der genannten Zwecke dienen. Das gute Gefühl ist manchmal aber auch nur das verdrängte schlechte Gewissen. Diese Verdrängung findet beispielsweise statt, wenn wir ein Wünschen zu einem Müssen umdeuten. Andere Beispiele habe ich in einer Abhandlung über moralische Ängste vorgestellt (vgl. Grün, 2009b). Denkfehler, die sich aus der Konzeption von Freiheit des Willens nach der Lehre Kants einstellen, habe ich aufgelistet in dem Beitrag »Glaubensfragen – Die falsche Rede über Zuschreibung von Schuld und Verantwortung« (Grün, 2008).

Was heißt »Ökonomie« im materialistischen Kontext?

»Der brave Mann denkt an sich selbst zuletzt«, lautet das Motto, das Friedrich Schiller seinem »Wilhelm Tell« zuschreibt. Der Idealist und Kantianer Schiller hat das altruistische Denken damit ausgesprochen, das der Vernunftethik folgt. Auf den ersten Blick scheint es dem Ökonomieprinzip zu widersprechen. Es stünde dann auch im Widerspruch zum Utilitarismus. Aber der Volksmund hat immer schon gespürt, dass nur ein kleiner Schritt zwischen Altruismus und Egoismus liegt, wenn er die idealistische Lesart beharrlich durch die Einfügung eines Kommas gestört hat: »Der brave Mann denkt an sich, selbst zuletzt.« Nur durch ein kleines Komma voneinander getrennt haben wir hier die altruistische und die egoistische Denkweise nebeneinanderstehen. Die beiden Lesarten bilden zugleich die vielfach als unüberbrückbar angesehenen Gegensätze zwischen Ethik und Wirtschaft.

»Altruismus« wird in der experimentellen Spieltheorie nach einem Vorschlag von Ernst Fehr und Urs Fischbacher als »Kosten verursachende Handlungen definiert, die anderen Personen ökonomische Vorteile verschaffen« (zit. nach Diekmann, 2009a, S. 203). Er fügt sich auch ein in das Ökonomieprinzip, indem er den Verzicht als ein probates Mittel zur Erreichung von Zielen nutzt. Denn ökonomische Vorteile sind nicht notwendigerweise materiell. Pflege, Hilfe und andere Dienste zählen dazu. Nur weil sich evolutionär das Wissen gefestigt hat, dass die Pflege schwacher und weniger leistungsfähiger Individuen auf irgendeine Weise auch dem Fortbestand der Gattung dienlich ist, haben wir ausgeprägte Pflegesysteme ausgebildet und lehnen jede Form des »Sozialdarwinismus« ab.

Ökonomie umfasst die gesamte Organisation unseres Lebens. Sie ist möglich, weil unser Gehirn unaufhörlich eine Überschlagsrechnung vornimmt über den Aufwand und den zu erwartenden Nutzen einer Aktion. Je zutreffender die Vorausberechnung ist, desto erfolgreicher agiert ein Individuum. Dabei bedenkt es auch nach dem Ratschlag Epikurs, dass es vielmals besser ist, auf einen kurzfristigen Lustgewinn zu verzichten, um sich nicht einen langfristigen Nachteil einzuhandeln.

In seiner Ökonomie verfährt das Gehirn effizienter als die klassischen Rational-Choice-Theorien. Im Sinne einer *bounded rationality* kommt es zu Faustregeln, die schnell einen Erfolg sichern können. Zu solchen Faustregeln gehören auch die Empfindungen von Gerechtigkeit und Fairness. Was im Sinne klassischer Theorien als irrational erscheint, erweist sich dabei oftmals als im höheren Maße rational. In diesem Sinne erzählt Gerd Gigerenzer in seinem Buch »Adaptive Thinking« die Anekdote von einem kleinen walisischen Dorf, das oft von Touristen besucht wird. Es habe sich herumgesprochen, dass in dem Dorf ein Narr lebt, der bei der Wahl zwischen einer Pfundnote und einem Schilling die Münze vorzieht. Touristen kommen unentwegt, stellen den Narr vor die Wahl zwischen Pfundnote und Schilling und freuen sich, wenn er nach der Münze greift. »Der kluge Narr ist ein rationaler homo oeconomicus«, kommentiert Andreas Diekmann die Anekdote. »Einmal der Verlockung nach dem Geldschein nachgegeben und das Geschäftsprinzip wäre dahin« (Diekmann, 2009b, S. 558 f.).

Die Rationalität vieler wichtiger ökonomischer Entscheidungen hat mit der unbewussten Bauchentscheidung zu tun. Mensch »spüren« eher, als sie im expliziten Sinn »wissen«, wann ein kurzfristiger Gewinn, der einen langfristigen Nachteil begünstigt, besser auszuschlagen ist.

So haben Experimente zur eingeschränkten Rationalität des Ökonomieprinzips unseres Gehirns inzwischen wichtige ethisch-moralische Verhaltensweisen als eine emotionale Qualität nachweisen können. Die tiefe Verankerung eines Empfindens für Fairness zeigt sich beispielsweise in Experimenten mit dem so genannten Diktator- oder Ultimatum-Spiel am deutlichsten. Sie zeigt sich an dem scheinbar irrationalen Ergebnis, das sie meistens hervorbringen: Zwei Menschen teilen 100 Euro unter sich auf. Das Spiel ist jedoch auf zwei Bedingungen gestützt, die zunächst harmlos aussehen. Zum einen bestimmt der erste Spieler, der »Diktator«, in welchem Verhältnis das Geld geteilt wird. Zum anderen darf der zweite Spieler das Angebot annehmen oder zurückweisen. Nimmt er an, wird in genau dem vom Diktator vorgeschlagenen Verhältnis geteilt; lehnt er ab, erhalten beide Spieler keinen Cent. Beide Spieler haben also Macht, aber auf unterschiedliche Weise.

Würden sich Menschen nach der klassischen Rational-Choice-Theorie entscheiden, käme ihnen jeder Zugewinn größer als 0 Euro als ein geschenkter Gewinn gelegen und sie würden jedes Gebot des Diktators annehmen. Tatsächlich aber entscheiden Menschen aus Fleisch und Blut ganz anders. Sie entscheiden also nicht, wie das die klassischen Vorstellungen des Homo oeconomicus unterstellen.

Macht der Diktator das Angebot, für sich 70 Euro zu behalten und dem zweiten Spieler nur 30 Euro abzugeben, defektieren (nicht kooperieren) bereits viele Spieler. Liegt das Verhältnis jedoch bei 80:20 und schlechter für den zweiten Spieler, schlagen die meisten Menschen das Angebot aus und bewirken dadurch, dass weder sie selbst noch der Diktator einen Gewinn erhalten. Sie lassen es sich also eine beachtliche Summe Geldes kosten, um ihrem Spielgegner zu zeigen, dass sie das Angebot für unfair halten. Die Entscheidung der Spieler, das Angebot abzulehnen, folgt nicht aus Vernunfterwägungen und schon gar nicht aus der Anwendung des kategorischen Imperativs. Sie folgen aufgrund der Kraft einer Emotion, mit der die »ungerecht« Behandelten dem Diktator die Macht der Bedürfnislosigkeit spüren lassen.

Eine auf vernünftige Rationalität gestützte Ökonomie würde ein solches Verhalten für unökonomisch und irrational erklären; eine Vernunftethik würde es als Beweis für die Universalität von Ethik werten. Im Sinne der utilitaristischen Entscheidung zum Nutzen der Allgemeinheit ist es eine wirkungsvolle Methode, Individuen zu bestrafen, die zu wenig Rücksicht auf die Interessen der Allgemeinheit nehmen. Die vernunftethischen Erklärungen hingegen verfehlen das Ziel.

Der zweite Spieler befindet sich nämlich in einem Konflikt. Entscheidet er nach eigenem Gewinnstreben, sind auch 20 Euro oder weniger immer noch mehr als nichts. Entscheidet er gegen den eigenen Vorteil, bekommt er gar nichts. Doch hier erfahren wir aus der Betrachtung der Biologie des Menschen Zutreffenderes als aus den bisherigen Theorien der Rationalität. Der zweite Spieler erlebt das Glück, dem Diktator seine gierige Rechnung durchkreuzt zu haben. Wer andere Menschen mit einem so ungleichen Teilungsangebot abspeisen möchte wie der Diktator, weckt Wut und Missachtung bei den anderen. Sie lassen es sich nun etwas kosten, solchen »Egoisten« deutlich zu spüren zu geben, dass sie in der Gesellschaft keine Chancen haben. Auf diese Weise marginalisiert eine Gruppe diejenigen Individuen, die offensichtlich unfair handeln (vgl. Ultimatum-Spiel, 2003).

Das Eintreten für den Nutzen der Allgemeinheit tritt bei dem zweiten Spieler aber nicht als eine vernünftige ethische Entscheidung auf. Es liegt ihm im Moment der Ablehnung des unfairen Angebots vollkommen fern, auch noch einen kategorischen Imperativ zur Geltung zu bringen. Vielmehr verschafft es ihm höchste Befriedigung, mit einer »ethisch-moralischen« Entscheidung über den Diktator eine wirkungsvolle Macht ausgeübt zu haben.

Das Ablehnen des unfairen Teilungsangebots ist im höchsten Maße ökonomisch und rational verstehbar. Die Entscheidung erfolgt jedoch aus dem »Bauchgefühl« heraus. Sie bedient sich des Machtinstruments ethisch-moralischer Verhaltensweisen und erreicht damit Glücksgefühle sowie eine tiefe Befriedigung beim Handelnden, der sich einen auf den ersten Blick ökonomischen

Nachteil eingehandelt hat, welcher sich jedoch auf lange Sicht als ein Nutzen für die Allgemeinheit und ihn selbst auszahlen wird.

Die Theorie der *bounded rationality* erfasst die Denkökonomie, nach der unser Gehirn sehr schnell eine Überschlagsrechnung ausführt, um Nutzen und Nachteil einer Entscheidung gegeneinander abzuwägen. Es mag den vernunftethischen Denkweisen missfallen, dass unser Gehirn sehr viel stärker ökonomische Verrechnungen von zu erwartendem Nutzen und Nachteil anwendet als die Anwendung spekulativ erschlossener Methoden der Vernunft. Aber dieses Missfallen verändert die biologischen Funktionen nicht.

Ethische Entscheidungen nützen dem biologischen System

Es ist aufschlussreich für die Dunkelheit der Überfülle an vernunftethischen Büchern in den philosophischen Bibliotheken, dass in keinem von ihnen die Rede davon ist, wie sehr Ethik und Moral auch Machtmittel sind, die sich ebenso missbrauchen lassen wie andere Machtmittel auch (vgl. Grün, 2010). Statt Aufklärung leisten die meisten Bücher über Ethik eine Verklärung, indem sie von höherer Vernunft, interesse- und neigungslosen Handlungen reden. Eine Aufklärung über die wahre Natur von Ethik und Moral ist in absehbarer Zukunft von einer Moralindustrie, die Vorteile aus den Machtinstrumenten des Ethisch-Moralischen zieht, nicht zu erwarten.

Die biologischen Voraussetzungen des ethisch-moralischen Entscheidens zeigen jedoch, dass es eigentlich nicht nötig wäre, Ethik und Moral als etwas Übernatürliches zu betrachten. Sie entstehen zugleich mit der Ausbildung unseres Gehirns zu einem Organ, das seinem Träger auf ökonomische Weise Nischen erschließen und Vorteile für die eigene Art schnell, aber langfristig sichern möchte. Unser rationales Gehirn hat sich wahrscheinlich nur ausbilden können, indem der Organismus Energieressourcen aufgrund der Umstellung der Ernährung freimachen konnte. Denn neben den Leistungen des Gehirns ist die Verdauung der energetisch aufwendigste Prozess. Erst die Gewohnheit der durch Kochen zubereiteten Speisen gab wegen der leichteren Verdaulichkeit der gekochten

Nahrung die für die Entwicklung des Großhirns nötigen Ressourcen frei. Es herrschte also von Anfang an buchstäblich eine Konkurrenz zwischen Kopf und Bauch.

Die Evolution hat das Gehirn zum sparsamen Gebrauch seiner Ressourcen gezwungen. Ökonomie als eine Lehre vom Haushalten mit begrenzten Ressourcen ist biologisch vorgegeben und muss nicht erst vernunftethisch begründet werden. Wenn wir verstehen wollen, warum das Gehirn bestimmte Leistungen erbringt, so geben uns nicht die Selbstauslegungen der Vernunft die richtigen Erklärungen. Im Gegenteil. Vom Ökonomieprinzip unseres Gehirns ist in den Lehren der Vernunft kein Wort zu lesen. Dabei nutzt unser Gehirn in jeder Hinsicht vorhandene Ressourcen auf ökonomische Weise aus. Ja, man könnte sagen, es ist die Hauptaufgabe des Gehirns, ökonomisch zu verfahren. Entscheiden heißt schließlich, Ressourcen des Gehirns ökonomisch einsetzen.

Aber unser Bewusstsein verhält sich ähnlich wie ein kleiner Beamter in unserer undurchsichtigen großen Bürokratie. Obwohl die Entscheidungen in den Schaltzentralen der Macht gefällt werden, wohin er selbst keinen Zutritt hat, bildet er sich ein, selbst am Drücker zu sitzen. Während er selbst aber ein falsches Bewusstsein von den realen Verhältnissen besitzt, wissen die Mächtigen in der Schaltzentrale, dass jeder kleine Beamte das große Gefühl benötigt, einen freien Willen und weite Entscheidungsbefugnisse zu besitzen, um den Willen der Institution durchzusetzen. Hegel sagte, dass »nichts Großes in der Welt ohne Leidenschaft vollbracht worden« (Hegel, 1970, S. 38) sei, und sein leidenschaftlichster Kontrahent Schopenhauer pflichtete ihm bei, indem er unser bewusstes Ich mit samt seinem freien Willen zum Sklaven eines unbeherrschbaren Unbewussten machte. Der Mensch »ist, wie er will, und will, wie er ist«, lautet Schopenhauers Verdikt über die Ideologien der Freiheit und deren Konzept einer ethischen Vernunft (Schopenhauer, 1977, S. 60; Grün, 2009a). Jede Entscheidung – auch die ethisch-altruistische – folgt dem Charakter und der Erwartung des Nutzens.

Die bis heute vorherrschenden Formen der Ethik lehnen allerdings das Prinzip der Nützlichkeit kategorisch ab. Sie berufen sich darauf, dass ethische Handlungen nur durch den Wunsch einer Verwirklichung des Guten zustande kommen könnten. Dass sie dabei mehr Fragen aufwerfen, als Antworten zu finden sind, dass sie nicht einmal angeben, wie wir herausfinden könnten, wann ein Mensch um des Guten willen handelt, interessiert professionelle Ethiker leider nicht. Eine gute Entscheidung ist jedoch stets eine solche, die die Ressourcen des menschlichen Gehirns ökonomisch nutzt.

Selbstreflexive Ökonomie

Es gibt eine Anekdote von einem Betrunkenen, der irgendwo auf dem Parkplatz seinen Schlüsselbund verloren hat. Als man ihn fragt, warum er die Schlüssel nur unter der Straßenlaterne sucht, antwortet er: »Weil es da heller ist.«

Ein Prinzip der Ökonomie besagt, dass ein Ziel möglichst schnell und mit geringstem Aufwand zu erreichen sein soll. Aber, wie der Witz zeigt, machen wir Fehler bei der Anwendung dieses Prinzips, und zwar bei der Bestimmung der notwendigen Bedingungen zum Erreichen unserer Ziele. Viele der Leser haben geschmunzelt. Ihnen ist das Problem vertraut. Aber welches Problem liegt hier vor?

Der Betrunkene hat eine wesentliche Voraussetzung für das Auffinden der Schlüssel unter der Laterne vergessen, nämlich dass er sie dann auch dort verloren haben muss. Wir hoffen, dass im nüchternen Zustand die Erinnerung wach genug sein möge, aber wir wissen zugleich, dass dies nicht immer der Fall ist. Statt sich zu erinnern an den Ort des Verlierens des Schlüssels, hat sich der Betrunkene an der Helligkeit des Lichts orientiert. Die unbestreitbare Wahrheit, dass er im Hellen seine Schlüssel besser finden kann, liegt näher und ist für den betrunkenen Verstand einfacher zu haben. Daher ist der Mann vom Wunsch getrieben, den Schlüssel auch dort verloren zu haben. Und so verfällt auch er der bereits mehrfach erwähnten sträflichen Vernachlässigung der Ursache.

Unsere bewussten Denkleistungen beinhalten die Regeln, die wir aus dem praktischen Handeln gewonnen haben. Aber unser Verstand erfindet ständig Regeln und stülpt sie Erfahrungen über. Nur dann, wenn wir ihre Rückbindung an die Erfahrung aufrechterhalten, sind die Regeln sinnvoll. Spiele wie Fußball oder Skat haben ihren Sinn darin, dass sie die Lust an der Erfüllung von Regeln befriedigen, während man gleichzeitig in der Vielfalt, Variationen zu erfinden, durch die die Regeln erfüllt werden können, Freiheit erlebt. Aber auch der vom Glücksspiel Abhängige erliegt der Sucht, Regeln anzuwenden. Er fühlt sich oft getrieben von der Entdeckung einer vermeintlichen Struktur in der Unberechenbarkeit des Zufalls: »Heute habe ich eine Glückssträhne«; »Dieser Talisman wird mir Glück bringen« und andere Rationalisierungen dienen ihm als Irrlichter. Während jedoch das gesunde Gehirn aus dem Misserfolg, den die Anwendung einer Regel nach sich gezogen hat, früher oder später die schlechte Regel durch eine bessere zu ersetzen versucht, halten Spielsüchtige auch dann an ihren Regeln des »Glücks« fest, wenn sie regelmäßig zum Misserfolg führen. Das bloße Erfinden und Befolgen von Regeln hat keinen wissenschaftlichen Sinn; es gehört vielmehr in den Bereich des Sports oder des Glücksspiels. Und in der gestörten Denkökonomie ist die Anwendung von Regeln losgelöst (abstrakt) vom erwarteten Erfolg einer Handlung. Das Individuum hat aufgehört, aus seinen Fehlern zu lernen, und trifft daher vermehrt falsche Entscheidungen.

Narzissmus und Ethik

Wenn wir aufgrund der vorangestellten Überlegungen die Voraussetzungen einer wissenschaftlichen Ethik verfolgen, die sich weder auf die Wunder einer Religion noch auf die spekulative Mystik soziologischer Freiheitslehren stützen möchte, ist es hilfreich, sich das Zustandekommen ethischer Entscheidung anhand der biologischen Grundlagen vorstellen zu können. Wir Menschen handeln, weil uns die Handlung, ihre Erwartung oder ihr Resultat ein Glück versprechen. Wenn ich verschiedene Optionen vor mir sehe, treffe ich eine Entscheidung aufgrund der Abwägung von Glückserwartungen oder von Erwartungen des Lustgewinns oder der Unlustvermeidung. Nur aufgrund einer funktionierenden Abwägung von Erfolgserwartung und Misserfolgsvermeidung bin ich überhaupt in der Lage, aus Fehlern zu lernen und mein Leben zu einem Prozess des Gelingens zu gestalten. Ich bediene in meiner

Ausbildung zur Tüchtigkeit den Aktivitätsmodus meiner biologischen Natur, insbesondere derjenigen meines Gehirns.

Die Planung einer geglückten Handlung und die Vorbereitung einer guten Entscheidung lässt sich anhand eines einfachen und alltäglichen Vorgangs beschreiben: Ich sitze im ICE von Leipzig nach Hause. Weil ich in einer Gemeinde 20 km östlich von Frankfurt lebe, muss ich in Fulda oder Frankfurt umsteigen. Es gibt drei naheliegende Optionen für das Umsteigen. Umsteigen in Fulda bedeutet entweder eine lange Wartezeit bis zum nächsten ICE oder die langwierige Fahrt in einem Nahverkehrszug nach Hanau, der an jeder Station zur Mittagszeit störende Passagierwechsel begünstigt, oftmals mit lauten, pendelnden Schülern. Meinem Ruhebedürfnis und meiner Lust, etwas im Zug zu arbeiten, ist diese Erwartung so abträglich, dass ich diese Option sofort verwerfe.

Der ICE, in dem ich noch sitze, hält an zwei Frankfurter Bahnhöfen, aber nicht am Hauptbahnhof, von wo aus ich die meisten Optionen hätte, schnell – vielleicht sogar ohne sonderliches Lärmen von Schülern – nach Hanau zu gelangen. Jetzt stelle ich mir also vor, wie es wäre, wenn ich am ersten Halt in Frankfurt eine S-Bahn nach Hanau nähme, die zwar unbequem und am langsamsten fährt, aber mich nicht langsamer als die letzte Option meiner Heimat näher bringen würde. Dies wäge ich ab mit der dritten Möglichkeit.

Die dritte und letzte Option wäre das Umsteigen am Frankfurter Flughafen, wo ich in einen ICE nach Hanau steigen könnte, allerdings mit der Gefahr, dass ich ihn verpasse. Mein Abwägen geschieht also, indem ich mir vorstelle, welche Bequemlichkeiten und Unbequemlichkeiten die eine oder die andere Option bedeutete. Aufgrund des zu erwartenden Glücks der Vermeidung zusätzlicher Risiken der Verspätung treffe ich dann die Entscheidung, in die S-Bahn umzusteigen. Die meisten dieser Überlegungen können sogar unbewusst ablaufen. Sie können aber auch präziser werden, wenn ich mir jede Möglichkeit im Sinne eines Probehandelns bewusst vor Augen führe.

Dieses Abwägen nach Erwartungen des Glücks und Vermeiden von Unglück lässt sich auch auf das Gebiet der Ethik übertragen. Eine solche Ethik, die sich demselben Prinzip wie die ökonomische

Entscheidung unterwirft, bezeichnen wir als »utilitaristisch«. Utilitarismus ist das Prinzip der Nützlichkeit. Gegner des Utilitarismus in der Ethik tragen vor, dass in der ethischen Entscheidung ein von den Erwägungen der Nützlichkeit sowie des Glücks und der Lust oder Unlust vollständig verschiedenes Motiv wirksam sein müsse. Sie nennen es Vernunft, Pflicht oder echte Anteilnahme am Guten, dessen Existenz sie voraussetzen. Solche Ethiker nennen wir Vernunftethiker, Pflichtethiker oder Deontologen (von griechisch »deon«: »es ist geboten«, »es ist Pflicht«). In ihrem Denken ist der aus dem religiösen Bewusstsein stammende Glaube wirksam, es gebe ein »höheres«, geistiges Prinzip, dessen Einwirkung auf die materielle Köperwelt nicht nur möglich, sondern absolut wünschenswert ist. Sie fürchten daher den »Reduktionismus«, der das vermeintlich Höhere auf die niederen Stufen der natürlichen Daseinsweisen reduzierte. Auch die Rede von einem freien Willen bedient sich – wenngleich oft nur in verdunkelnden Worten – der Annahme eines »höheren« geistigen Zustands, der von der Materie unterschieden werden soll. Vorstellungen, in denen die Annahme dieses »höheren« Prinzips nicht erkennbar ist oder explizit verleugnet wird, wehrt solches Denken ab. Diese Position der Vernunft ist charakteristisch für die Philosophie des Idealismus in allen ihren Schattierungen.

Dagegen steht die Annahme, dass auch die ethisch-moralische Handlung von denselben Kräften, Motiven und Prinzipien determiniert wird wie die anderen nützlichen Handlungen. Eine solche Denkweise nennen wir »materialistisch«. Diesen Namen hat sie aber nicht, weil sie eine bestimmte Vorstellung einer physikalischen Materie zum alleinigen Prinzip erklärte, sondern weil sie annimmt, es gebe nur einen einzigen Stoff der Welt, in dem zunächst die aus Ethik und Moral gebildeten Begriffe von Gut und Böse oder höher und niedriger keine sinnvolle Bedeutung haben. Materialismus ist nicht die Denkweise, dass alles Materie sei, sondern die Denkhaltung, dass alles aus demselben Stoff gebildet sei. Ob man diesen Stoff Materie, Kraft, Material der Arbeit oder Leben nenne oder noch anders, ist dabei unwichtig.

Die materialistische Erklärung des Zustandekommens der Ethik und Moral geht davon aus, dass auch diese Kategorien im Dienst eines zu gelingenden Lebenserfolgs stehen. Die Erwartung des ethisch-moralischen Erfolgs wird dabei mit denselben biologischen Organen erfasst wie die Erwartung eines Nutzens im ökonomischen Sinn. Allerdings sind die Vorstellungen und Handlungen, die das Glücksgefühl hervorbringen, im Wesentlichen ausgelöst durch die Beteiligung anderer Individuen (Menschen, Tiere, seltener auch Pflanzen) an den Resultaten meiner Entscheidungen.

Meine Entscheidung für das Umsteigen am S-Bahnhof hatte zunächst keine ethisch-moralische Komponente. Diese kommt in dem Moment hinzu, wenn ich mir vorstelle, dass ich meiner Frau versprochen hatte, so früh wie möglich zu kommen. Also wird die Erwartung des Glücks oder vermiedenen Unglücks auch beeinflusst von der Vorstellung, dass meine Frau traurig sein könnte, wenn ich den Anschlusszug am Flughafen verpasst haben würde und mein Versprechen gebrochen hätte, obwohl dies vermeidbar gewesen wäre.

Ethik und Moral haben nämlich auch mit der Frage zu tun, wie stark ich mich für andere Menschen interessiere, wie gut ich ihnen zuhören kann und ihre Interessen zuweilen auch zu meinen eigenen mache. In jeder ethischen Entscheidung mache ich mehr oder weniger die Empfindungen anderer Menschen zu meinen eigenen.

Es ist in dieser materialistisch-utilitaristischen Denkweise eine grauenvolle Vorstellung, dass Menschen gegen die Erwartung und das Erlebnis, Glück zu empfinden, anderen Menschen zuhören, deren Interessen berücksichtigen und vieles mehr. Ja, es erscheint mir der Inbegriff des Unmenschlichen zu sein, wenn Menschen den Dienst am anderen leisten, obwohl jede Form von Lust, Freude und Glück dabei fehlen, sondern dieser Dienst aus reinem Zwang oder reiner Pflichterfüllung und Aufopferung geschehen sollte.

Vielmehr halte ich es für eine sinnvolle und wünschenswerte Verwirklichung der Idee des Humanismus, wenn wir bei der Anteilnahme am Schicksal, den Interessen, den Wünschen anderer Menschen selbst Freude haben. Sobald wir aber Freude dabei haben, ist unser Belohnungssystem in den Basalganglien aktiv wie bei jeder anderen Form von Glückserlebnissen und Erlebnissen der Freude auch. Es ist überhaupt nicht möglich, Glückserlebnisse zu fühlen, ohne dass das Belohnungssystem aktiv ist. Diese Aktivierung des Gefühls des Glücks des Menschen beim Verrichten ethisch-moralischer Handlungen, insbesondere beim Altruismus, stammt aus dem Narzissmus. Narzissmus bedeutet hierbei, dass wir uns selbst gefallen in der Verrichtung solcher Taten, bei denen die Wünsche, Interessen, Bedürfnisse und Erwartungen anderer Individuen in den Vordergrund rücken und wir nichts anderes selbst zurückbekommen von diesen Menschen als das glückliche Erlebnis, unsere Taten verrichtet zu haben.

Es widerspricht freilich dem Glückserlebnis altruistischer Menschen, wenn sie sich klar machen sollen, dass ihr altruistisches Verhalten die Bedingung darstellt, damit ihr Belohnungssystem besonders aktiv ist. Sie können den Konflikt nicht ertragen, sich einzugestehen, dass sie sich gefallen, wichtig vorkommen, Macht ausüben, während sie sich doch scheinbar nur für den Anderen verwenden. Aus materialistischer Sicht betrachtet, stammt ihr Glückserlebnis allein aus dem Sich-groß-Fühlen, während sie sich ganz klein machen.

Während die Annahme, es gäbe auch ethische Entscheidungen und Handlungen, die nicht von dieser Bestimmung erfasst würden, allein auf den Wunsch gestützt bleiben, dass es sie geben möge, ist die von uns hier geleistete Erklärung mit Beobachtungen am menschlichen Gehirn vereinbar. Sie verweisen auf eine Denkökonomie, der sich alle Erwartungen, Wünsche und Hoffnungen unterordnen.

Literatur

Bernhart, J. (Hrsg.) (1987). Augustinus Bekenntnisse. Frankfurt a. M.: Insel.

Bieri, P. (2004). Das Handwerk der Freiheit. Über die Entdeckung des eigenen Willens (2. Aufl.). Frankfurt a. M.: S. Fischer.

Diekmann, A. (2009a). Spieltheorie. Einführung, Beispiele, Experimente. Reinbek: Rowohlt.

Diekmann, A. (2009b). Der Mensch – Altruist oder homo oeconomicus? Ergebnisse experimenteller Spieltheorie zum Altruismus. Forschung & Lehre, 8, 558–562.

Freud, S. (2000). Studienausgabe. Band 10. Frankfurt a. M.: S. Fischer.

Geißler, H. (2009). Ou Topos. Suche nach dem Ort, den es geben müsste. Köln: Kiepenheuer & Witsch.

Gigerenzer, G. (2000). Adaptive thinking: Rationality in the real world. Oxford: University Press.

Grün, K.-J. (2008). Glaubensfragen. Die falsche Rede über Zuschreibung von Schuld und Verantwortung. In K.-J. Grün, M. Friedman, G. Roth (Hrsg.), Entmoralisierung des Rechts. Maßstäbe der Hirnforschung für das Strafrecht (S. 11–53). Göttingen: Vandenhoeck & Ruprecht.

Grün, K.-J. (2009a). Hirnphysiologische Wende der Transzendentalphilosophie Immanuel Kants. In G. Roth, K.-J. Grün (Hrsg.), Das Gehirn und seine Freiheit. Beiträge zur neurowissenschaftlichen Grundlegung der Philosophie (3. Aufl.) (S. 29–66). Göttingen: Vandenhoeck & Ruprecht.

Grün, K.-J. (2009b). Angst – Vom Nutzen eines gefürchteten Gefühls. Berlin: Aufbau.

Grün, K.-J. (2010). Ethik als Machtinstrument. Zugriff am 15.1.2010 unter http://www.philkoll.de/media/Ethik%20als%20Machtinstrument.pdf.

Günther, K. (2005). Das Strafrecht und der Schuldbegriff – Eine alte Diskussion mit neuen Impulsen. Forschung Frankfurt 4, 26–31.

Hegel, G. F. W. (1970). Werke in zwanzig Bänden. Band 12. Frankfurt a. M.: Suhrkamp.

Honneth, A. (2009). Fataler Tiefsinn aus Karlsruhe. Zum neuesten Schrifttum des Peter Sloterdijk. Die Zeit 2009 (40). Zugriff am 10.1.2010 unter http://www.zeit.de/2009/40/Sloterdijk-Blasen?page=all.

Irrlitz, G. (2002). (Hrsg.). Kant-Handbuch. Stuttgart u. Weimar: Metzler.

Kant, I. (1977). Werke in zwölf Bänden. Band 8. Darmstadt: Wissenschaftliche Buchgesellschaft.

Nietzsche, F. (1999). Kritische Studienausgabe in 15 Bänden. Band 1. Berlin u. New York: de Gruyter.

Ordinarienkonferenz (2010). Zugriff am 6.1.2010 unter http://www.kath.ch/dok/portraet.php?sprache=d.

Richter, H.-E. (2008). Umgang mit Angst. Gießen: Psychosozial-Verlag.

Schmidbauer, W. (2003). Der Mensch als Bombe. Eine Psychologie des neuen Terrorismus. Reinbek: Rowohlt.

Schopenhauer, A. (1977). Über die Freiheit des menschlichen Willens. Zürich: Diogenes.

TRL-Frankfurt (2010). Zugriff am 15.1.2010 unter http://www.trl-frankfurt.de.

Ultimatum-Spiel. (2003). Zugriff am 15.1.2010 unter http://www.wiwo.de/unternehmen-maerkte/das-ultimatum-spiel-fair-aus-furcht-334377/.

Wittgenstein, L. (2006). The Wittgenstein Reader (2nd ed.). Malden: Blackwell.

Marc Borner

Gefühle im Kopf – Gedanken im Bauch

Dieser Text beschäftigt sich mit dem umgangssprachlichen Begriff »Bauchentscheidung«. Ich möchte erläutern, was in psychologischer und philosophischer Hinsicht darunter verstanden werden kann und ob Bauchentscheidungen vorteilhaft sein können im Sinne einer ökonomischen Entscheidung. Nach einer kurzen Herleitung des Begriffs werde ich vor allem auf die Bedeutung von Emotionen und Gefühlen im Zusammenhang mit Bauchentscheidungen eingehen. Gefühle werden sich dabei nach Antonio Damasio als Sachverhalte erweisen, die all unser Denken, Verhalten und Erleben maßgeblich beeinflussen. Abschließend möchte ich diskutieren, welche Relevanz Bauchentscheidungen im Sinne einer ökonomischen Entscheidung zugewiesen werden können und sollten. Die Wahrheit wird dabei in einer aristotelischen Mitte liegen, was für unseren Kulturkreis aber eine starke Bewegung in Richtung Emotion bedeutet.

Gedanken im Bauch?

Umgangssprachlich ordnet man Denken dem Kopf, Gefühle dagegen dem Bauch oder auch Herzen zu. Ich möchte untersuchen, was an dieser Einteilung dran ist, und beginnen, indem ich das Phänomen »Entscheidung« näher betrachte, insbesondere im Hinblick auf den alltagspsychologischen Begriff »Bauchentscheidung«. Auch wenn der Begriff selbst in der wissenschaftlichen Psychologie keine große Verwendung findet, gehe ich davon aus, dass das Phänomen, welches hinter diesem Begriff liegt, wissenschaftlich zu erörtern ist.

In Sprichwörtern wie »Voller Bauch studiert nicht gern« oder »Liebe geht durch den Magen« schreiben wir der Bauchregion

Emotionen und Beziehungen zu Denkprozessen zu. Steckt etwas hinter diesen Sprichwörtern? Ist es möglich, dass unser Bauch für uns Entscheidungen trifft? Und wenn ja, wie ökonomisch sind diese Entscheidungen? Der Beantwortung dieser Frage möchte ich mich im Folgenden widmen. Beginnen wir mit einer kurzen Erörterung des Begriffs »Bauchentscheidung«.

Trivialerweise ist der Begriff »Bauchentscheidung« ein Kompositum aus den Worten »Bauch« und »Entscheidung«. Wird »Bauch« als Spezifikation angesehen, so scheinen Bauchentscheidungen eine bestimmte Unterklasse zu Entscheidungen im Generellen zu bilden.

Entscheidungen

Allgemein versteht man unter »Entscheidung« die *bewusste* Wahl zwischen mehreren Alternativen. Was soll das aber in Bezug auf Bauchentscheidungen bedeuten? Ist der Bauch Teil unseres Bewusstseins? Oder bedeutet es, dass sich die bewusste Wahl am Bauch orientiert? Zunächst scheint Letzteres am plausibelsten, denn warum sollte unserem Bauch irgendeine Art von Bewusstsein zukommen, die nicht schon durch das ausgedrückt wäre, was in unserem Kopf passiert? Der Bezug auf den Bauch drückt nicht die Lokalisierung auf diese Region aus, sondern deutet im übertragenen Sinne auf etwas hin, das vor allem durch Emotion, Intuition und Impuls gekennzeichnet ist, und dies in der Bedeutung durch das, was eben *nicht* bewusst ist. Ist also, wenn Entscheidung als eine bewusste Wahl verstanden wird, eine Bauchentscheidung überhaupt eine Entscheidung in diesem Sinne?

Man könnte einwenden, dass man sich nicht bewusster Prozesse dennoch bewusst werden kann. Insofern wäre eine Entscheidung, welche sich an Letzteren orientiert, eine Bauchentscheidung. Dies erscheint plausibel. Und dennoch möchte ich behaupten, dass sich das Verständnis einer Bauchentscheidung nicht in dieser Definition erschöpft, sondern darüber hinaus erweitern lässt in einer Weise, die besonders den Zusammenhang mit dem Denken, mit unseren Kognitionen stärker hervorhebt. Gehen wir dazu noch einmal einen kleinen Schritt zurück und fragen, was schlussendlich wichtig ist für einen Entscheid.

Menschen, die sich bewusst für die eine oder die andere Alternative entscheiden, antizipieren die erwünschten sowie unerwünschten Folgen ihrer Wahl. Gerade die Fähigkeit zur Antizipation aber ist eine grundsätzliche Eigenschaft des Denkens. Und in diesem Sinne ist auch die Bauchentscheidung ein Denkprozess, denn wir antizipieren Sachverhalte auch auf einer unbewussten Ebene. Ist es aber sinnvoll, deswegen von Gedanken im Bauch zu sprechen?

Bauchentscheidungen lassen sich kennzeichnen durch drei Faktoren: Intuitionen, Impulse und Emotionen. Intuition vom lateinischen *intueri* (betrachten, erwägen) beschreibt eine Art von Gegenentwurf zur bewusst rational getroffenen Entscheidung, da es sich hierbei um eine Einsicht handelt, die gerade von bewusster Rationalität absieht und sich vielmehr auf ein inneres Gefühl verlässt. Impulse meinen das Umsetzen einer Tat abseits von bewusster Kontrolle. Ideen und Einfälle werden sofort umgesetzt, Motiven direkt nachgegeben. Emotionen sind die dritte, ebenfalls stark unbewusst prozessierende, Komponente. Was angemessen unter Emotion verstanden werden kann, möchte ich in einem kurzen Exkurs im folgenden Abschnitt erläutern. Das Verständnis von Bauchentscheidungen wird dadurch dahingehend erweitert werden, dass nicht nur die bewusst gewählte Hinwendung zu Emotionen betrachtet wird, sondern vor allem auch, dass diese unbewussten Komponenten *all* unser Denken mit beeinflussen und modulieren. Emotion wird sich von den drei genannten Begriffen am bedeutsamsten erweisen, da sie sowohl in der Impulshandlung, als bewegendes Motiv, als auch in der Intuition, als Eigenschaft des Erkenntnisgewinns, fungieren.

Exkurs: Emotionsbegriff nach Damasio

Emotionen gehören zu denjenigen Begriffen, von denen zwar jeder eine irgendwie intuitive Ahnung hat, deren konkrete Ausbuchstabierung aber reichlich schwerfällt. Allgemein können sie beschrieben werden als psychische Ereignisse mit einer bestimmten Qualität, Intensität und Dauer (Meyer et al., 2001). Der Neurologe Antonio Damasio hob hervor, dass Emotionen immer auch »motions«, also Bewegungen sind. Dies provoziert die Frage, was es ist, das bewegt wird, und welche Art von Bewegung damit gemeint sein soll. Zur Beantwortung liefert Damasio einen meines Erachtens sehr fruchtbaren Ansatz. Seine Emotionstheorie schließt an die Überlegungen von Charles Darwin (1872/2009) an. Dieser hatte in seinen Forschungen vor allem von Gesichtsausdrücken auf sechs verschiedene Kategorien von Emotionen geschlossen – den so genannten Basisemotionen: Freude, Ärger, Trauer, Ekel, Überraschung und Furcht. Damasio nimmt diese Basisemotionen an und differenziert sie weiter aus. Für ihn sind Emotionen allgemein neuronale Antworten auf einen emotionsauslösenden Stimulus. Er unterteilt weiter in Grade der Komplexität, Dauer und Intensität. Den Begriff »Emotion« benutzt er – abgesehen vom Überbegriff – zur Bezeichnung von unbewussten oder vorbewussten Emotionsprozessen. Die bewusste Dimension einer Emotion bezeichnet er als Gefühl. Auf einer noch höheren Komplexitätsstufe gibt es gemäß seinem Modell soziale Emotionen, die aus der Kombination von verschiedenen Anteilen von Basisemotionen mit sozialen Kognitionen entstehen. Beispiele hierfür wären Emotionen wie Neid, Eifersucht oder Mitgefühl. Im Hinblick auf Dauer und Intensität unterscheidet Damasio von den eben angeführten Kategorien Affekte und Stimmungen. Affekte sind dabei kurze, sehr intensiv und impulsiv auftretende Emotionen. Stimmungen dagegen sind sehr lang andauernd, dafür aber stets im Hintergrund anwesend und nicht sehr intensiv (Damasio, 1994, 1999).

Emotionen bewegen in all diesen Ausprägungen in mehrerlei Hinsicht. Zum einen beeinflussen sie über Muskelbewegungen. Sichtbar kann dies beispielsweise an verschiedenen Gesichtsausdrücken oder auch an einer Veränderung der Körpertemperatur werden. Emotionen bewegen zum anderen auch sozial, vor allem indem sie Emotionen und Kognitionen beim Gegenüber auslösen. Emotionen bewegen ebenso neuronal und molekular, indem sie beispielsweise mit Stoffwechsel und Erinnerung verknüpft sind. Damasio schreibt Emotionen außerdem die besondere Rolle zu, für eine Art körperliches Gedächtnis verantwortlich zu sein. Die Bausteine dieses Gedächtnisses sind so genannte somatische Marker (neuronal lokalisiert vor allem im ventromedialen präfrontalen Cortex). Ausbuchstabiert sind dies neuronale Kartierungen emotionaler Erfahrungen im Laufe des Lebens. Somatische Marker dienen dazu, Lebensereignisse bewerten und vorhersagen zu können (Bechara et al., 2005; Damasio, 1994). Da, wie ich bereits angekündigt habe, ein Hauptaspekt des Denkens in der Fähigkeit zur Antizipation liegt, sind Emotionen, abgesehen von Pathologien, in dieser Hinsicht untrennbar mit Denkprozessen verwoben. Dies betrifft nicht nur die Fähigkeit zur Antizipation, sondern auch zur Erinnerung und Bewertung.

Für den starken Zusammenhang von Emotionen, Rationalität, Bewusstsein, Erleben, Denken und Handeln führt Damasio das Beispiel von Phineas Gage an, einem Bahnarbeiter, dem 1848 bei einer Explosion eine Eisenstange durch den Kopf geschossen war, die im Gehirn sehr lokal fast nur den ventromedialen präfrontalen Cortex beschädigte. Die Region ist zentral etwas über der Augenhöhe zu finden. Sein Arzt John Harlow konnte Gage zwar weitestgehend versorgen, allerdings kam es bei dem Bahnarbeiter schon nach kurzer Zeit der Genesung zu ernsthaften Veränderungen seiner Persönlichkeit. Aus einem ehemals tüchtigen und geselligen jungen Mann war ein eigensinniger, launischer, grober und impulsiv aggressiv handelnder Mensch geworden. »He was no more Gage«, wie seine Verwandten und Freunde über ihn sagten (Damasio, 1994). Wie neuere Untersuchungen belegen, scheinen auch Menschen, die an Soziopathie leiden, anscheinend Defizite in diesem Hirnbereich aufzuweisen (vgl. Roth et al., 2006).

Bauchentscheidungen

Kommen wir zurück zur Bauchentscheidung. Wenn Damasios Theorie eine angemessene Betrachtungsweise von Emotionen liefert, und vieles deutet darauf hin (Bechara et al., 2005; Bosse et al., 2008; Immordino-Yang et al., 2009), so sind auch Bauchentscheidungen nicht nur eine Orientierung an emotionalen Aspekten, sondern gerade auch durch diese Aspekte modulierte Vorgänge. Bauchentscheidungen sind daher Entscheidungen im vollen Sinne. Sie sind Denkprozesse, aber sie verweisen auf uns in unserem logisch-sprachlichen Vokabular nicht direkt zugängliche Sachverhalte. Sie drücken sich aus in emotionaler Kodierung und sind gerade deswegen schwer zu übersetzen in das, was wir Rationalität nennen (z. B. ist der Satz »Ich liebe dich« zwar irgendwie auch rational als gegenseitige starke Zuneigungsbekundung etc. zu beschreiben – fasst damit aber emotional nicht alle Konnotationen, die vom Sprecher ausgedrückt werden wollen). Um Bauchentscheidungen besser verstehen zu können, müssen wir Emotionen im generellen und v. a. unsere eigenen Emotionen besser verstehen lernen. Wie dies bewerkstelligt werden könnte, möchte ich im Folgenden erörtern.

Verstehen von Bauchentscheidungen

Bisher habe ich versucht zu zeigen, dass im umgangssprachlichen Begriff »Bauchentscheidung« nicht nur eine besondere Hinwendung bzw. Beachtung der eigenen Gefühle beim Treffen einer Entscheidung gemeint ist, sondern dass all unser Denken emotional moduliert wird. Was es gibt – in Denkprozessen –, ist also immer nur ein Mehr oder Weniger an Emotionen. Wofür wir uns entscheiden können, ist also nicht, ob wir unsere Wahl absolut aufgrund eines Bauchgefühls oder absolut aufgrund von rationalen Überlegungen treffen. Denkprozesse und Entscheidungen sind emotional relativiert. Inwieweit aber entscheiden wir emotional? Und inwieweit sollten wir dies?

Ein Beispiel emotionaler Entscheidungen: 1 + 1 = 3 ?

Ich möchte an einem Beispiel einige Gefahren erläutern, die entstehen könnten, wenn wir zu unkritisch auf den Zug der Emotionen aufspringen. Das Beispiel (1 + 1 = 3) soll dabei für allerlei Angebote des emotionalen Psychomarktes stehen und lässt sich in seiner Funktion durch beliebige vergleichbare Beispiele ersetzen. Die Systematik des Exempels bleibt dabei erhalten.

Es gibt Felder, denen allgemein ein sehr stark rationaler Zug mit gleichzeitiger emotionaler Ferne zugeschrieben wird: z. B. die Mathematik. Wenn wir sagen 1 + 1, so fällt uns für die Fortführung dessen, da wir die einfachen Regeln der Mathematik beherrschen, ein: = 2. Wir entscheiden uns also für 1 + 1 = 2. Nun ist dies zwar die wahrscheinlichste, da gesellschaftlich gelernt, aber nicht die einzig mögliche Antwort. Beispielsweise könnte die Zahlenreihe 1 + 1 durch ein weiteres + 1 zu 1 + 1 + 1 fortgeführt werden. Es könnte aber auch gegen die allgemeine Intuition geantwortet werden 1 + 1 = 3. Gerade Letzteres wäre, nach den Regeln der Mathematik betrachtet, einfach falsch. Aber dennoch kann diese Behauptung im übertragenen Sinn Teil unseres gesellschaftlichen Lebens werden. Jene Spannung des Bruchs mit dem Gewohnten kann genutzt werden, um Neugier und Protest zu wecken, aber auch um wachzurütteln. Dabei wird eine für die allermeisten Menschen sehr einfach nachvollziehbare Behauptung gebrochen. Denn so gut wie jeder Mensch beherrscht die Expertise, den Unterschied von 1 + 1 = 2 und 1 + 1 = 3 irgendwie beurteilen zu können. Sollte dagegen jemand eine komplexere, aber falsche Formel behaupten wie 195840 / 765 – 250 = 3, würde das wohl kaum jemanden interessieren. Die Behauptung 1 + 1 = 3 dagegen findet häufiger Verwendung vor allem bei Beratern oder Institutionen, die auf etwas ganz besonders Cleveres hinweisen möchten: auf den Bruch mit dem Gewohnten. Die Personen weisen gegebenenfalls noch darauf hin, dass die Regeln, unter denen 1 + 1 = 2 ist, auch nur axiomatisch, das heißt dogmatisch festgelegt wurden. Bedeutsam sind folglich der Bruch mit dem Gewohnten als auch der Bruch mit dem vorherrschenden Dogma, wobei aufgrund der Einfachheit und Kürze der Gleichung auch noch jedem Menschen die Fähigkeit zugeschrieben wird, jenes beurteilen zu können. Eigentlich kein schlechter Ansatz und vergleichbar dem Bemühen der Philosophen im Zeitalter der Aufklärung. Sapere aude! Wage es zu denken! »Habe Mut, dich deines *eigenen* Verstandes zu bedienen!«, übersetzt Kant (1783/2000, S. 9). Den Bruch mit Regeln, den Bruch mit dem Dogma kann jeder leisten, sobald man sich nur der Relativität derselben bewusst wird. Diese Nachricht soll mit Botschaften wie 1 + 1 = 3 übermittelt werden. Allerdings liegt das Interesse am 1 + 1 = 3 nicht im hehren Anspruch, die Menschheit durch Erkennen von Relativität reflektiert und aufgeklärter zu machen, sondern zumeist darin, dass es einen je bestimmten »Heilsweg« gibt, um jene Relativität zu erkennen. Und dieser »Heilsweg« kann auch nur durch die jeweilige Person oder Gruppe vermittelt werden, die Sachverhalte wie 1 + 1 = 3 behauptet. Dies nun ist etwas anders als das Bemühen der Aufklärer.

Wir sollen mit einem Dogma brechen, um ein anderes anzunehmen, dabei nicht das aufklärerische Dogma von Vernunft und Reflexion, sondern dasjenige einer esoterischen – das heißt nur einem eingeweihten Kreis bekannten – Wahrheit. Damit wird dem Einzelnen eine Art Sonderwissen versprochen, das ihn von anderen Menschen unterscheidet. Das Individuum, das vormals in Bezug auf das 1 + 1 = 3 nicht klüger als die anderen war, erhält eine eigene Professionalität – vermittelt durch die »hilfreiche« Hand eines Beraters beziehungsweise einer bestimmten Gruppierung. Völlig selbstlos – abgesehen von der finanziellen und gegebenenfalls auch emotionalen Entlohnung, die zu leisten wäre. Diese aber ist das Individuum natürlich nur allzu bereit zu entrichten, da derjenige, der die neue Erkenntnis des 1 + 1 = 3 vermittelt hat, damit dem Individuum einen neuen Platz zugewiesen hat. Das Individuum wird stärker individualisiert gegenüber anderen durch esoterisches Wissen. Es bekommt den Sinn zugewiesen, Wissender dieses esoterischen Wissens zu sein. Dadurch erhält das Individuum auch etwas anderes: einen Platz und Sinn im Dasein – jenseits eines nietzscheanischen Übermenschen, der in völliger Sinnferne sein Dasein in der Welt bestätigt (Nietzsche, 1883). Sinnhaftigkeit zu verkaufen ist ein lukrativer Markt und ein vor allem niemals endender. Die Emotion, die dabei angesprochen wird, ist Vertrauen und insbesondere das Urvertrauen, welches Babys durch ihre Mutter vermittelt bekommen (Erikson, 1950) und die eine sichere Bindung bewirkt (Baron u. Byrne, 2003). Das Ewig-Weibliche von Goethes Faust II (1832) scheint diesem parallel – ein Vertrauen, das ursprünglich ist und das damit existenziell emotional berührt.

Unkritische Annahme emotionaler Angebote

Die Entscheidung, eine Formel wie 1 + 1 = 3 für sich anzuwenden, ist, wie oben ausgeführt, eine zutiefst emotionale. Aber auch das simple 1 + 1 = 2 beinhaltet emotionale Aspekte. Beim richtigen Lösen und Wissen um die richtige Regel zur Lösung der

Aufgabe wird eine positive Emotion vermittelt. Emotional präziser äußert sich dies dann in einem Gefühl der Sicherheit. Durch Befolgen von Regeln erleben wir die Sicherheit einer geordneten Gesellschaft. Wir können mit der Formel weiterrechnen und wir wissen, was wir durch Anwenden und Befolgen von Regeln erreichen können. Jedes technische Gerät ist ein Beweis und Konkretisierung dieser Regeln. Unsicherheit wird vermieden – Sinn bewahrt – Angst reduziert (vgl. auch Grün, 2009). Es ist natürlich weit übertrieben, die Betonung des emotionalen Charakters von einfachsten Regeln wie diesen Rechnungen so stark hervorzuheben, allerdings kann es uns helfen ein Schema genauer zu verstehen, das hinter Behauptungen wie 1 + 1 = 3 liegt. Die Art des Sonderwissens, die durch 1 + 1 = 3 vermittelt werden soll, ist oftmals auch explizit eine emotionale. Denn Emotionen zu behandeln ist in unserer Zeit en vogue. Viele Berater und Institutionen behaupten daher, die gänzlich vernachlässigte Dimension der Emotionen wiederzuentdecken – als ob diese je völlig verloren gewesen wäre. Manche behaupten, man sollte sich doch völlig auf sein Bauchgefühl verlassen. Rationalität sei nur ein hinderliches Anhängsel zur »wirklich richtigen« Entscheidung – als ob jene Zugang hätten zu dem, was Wahrheit sein soll. Diese Strategie ist im doppelten Sinne geschickt: Zum einen wird die Sehnsucht nach einer objektiven Wahrheit befriedigt – vor allem auch dahingehend, dass Frustrationen mit den bestehenden Systemen angesprochen bzw. gebrochen werden –, zum anderen wird gleichzeitig aber verlangt, Rationalität doch beiseite zu lassen und damit dem neuen Dogma (z. B. 1 + 1 = 3) Raum zu geben. Die unkritische Annahme von emotionalen Angeboten ist gefährlich.

Mehr Emotionalität?

Ich hatte zu Beginn angeführt, dass ich im Hinblick auf Entscheidungen dafür plädieren werde, Emotionalität einen größeren Raum einzuräumen und stärker auf das zu achten, was uns unser Bauchgefühl sagt. Reihe ich mich damit in diejenigen ein, die ich im vorangegangenen Abschnitt etwas polemisch kritisiert hatte? Ich hoffe nicht, denn meine Absicht liegt nicht darin, ein Plädoyer für

Emotionen zu verfassen, sondern darin, ein wenig Licht darauf zu werfen, wie unsere Entscheidungen zustande kommen – und dabei ist Emotionalität mindestens ein, wenn nicht noch größerer Einflussfaktor als Rationalität. Inwieweit Entscheidungen überhaupt aus freiem Willen geschehen können, möchte ich hier nicht diskutieren. Ausführliche Betrachtungen zu diesem Thema finden sich beispielsweise in dem Band »Das Gehirn und seine Freiheit« (Roth u. Grün, 2006).

Ich hatte behauptet – wenn wir empirische Ergebnisse von Forschern wie Antonio Damasio oder Gerhard Roth ernst nehmen –, können wir gar nicht anders, als immer auch zu einem gewissen Teil emotional zu entscheiden. Zu einer ökonomischeren Entscheidung gelangen wir, wenn wir uns möglichst vieler relevanter und beeinflussender Faktoren für die jeweilige Entscheidungssituation bewusst werden. In rationaler Hinsicht ist die Vergegenwärtigung von Einflussfaktoren durch Beschäftigung und Bearbeitung des Themas sicherlich – wenn auch immer nur annähernd – erreichbar. In emotionaler Hinsicht gestaltet sich dies durch den oft stark unbewussten Charakter dieser Einflussfaktoren schwieriger. Was tun?

Auch wenn ich sicherlich kein Patentrezept auf diese Frage bieten kann, so möchte ich doch einige mögliche Vorschläge unterbreiten. Wir können uns zwar nicht all unserer Emotionen und Beweggründe bewusst werden – insofern scheidet ein Homo oeconomicus, der sich aller Beweggründe bewusst ist, als Modell aus –, dennoch können wir aber einiges darüber lernen, *wie* unsere Emotionen als Beweggründe zustande kommen. Darüber können wir dann eine Kenntnis der beeinflussenden Faktoren erhalten.

Ich fasse nochmals zusammen, was bisher zu Emotionen angeführt wurde. Emotionen bewegen. Sie bewegen sowohl in uns als auch in andere durch spezifische Kommunikationsmuster, die wir aussenden, z. B. über Gesichtsausdrücke oder Gesten. Emotionen sind wirksam auf verschiedenen Bewusstseinsebenen. Sie wirken sowohl auf bewusster (Gefühl) als auch vorbewusster und unbewusster Ebene und beeinflussen all unser Erleben, Verhalten und Denken. Wir besitzen eine Art emotionales Gedächtnis, das unsere Erlebnisse emotional kodiert und speichert. Ereignisse werden dabei vor allem in ihren den Körper beeinflussenden Eigenschaften bedeutsam. Lösen bestimmte Ereignisse (z. B. der erste Eindruck einer Person) bestimmte Emotionen in uns aus, so kann dies ein Hinweis sein auf ähnliche, bereits gemachte Erfahrungen. Emotionen wirken aber auch vorteilhaft auf das mittel- und langfristige Gedächtnis im Allgemeinen, falls diese nicht zu stark sind. Positive Emotionen sind dabei förderlicher als negative und es werden eher episodisch-biographisch Daten und Kerninhalte memorisiert als Fakten. Zahlreiche Entscheidungen werden durch Emotionen gebahnt, bevor Wissen und Logik zum Tragen kommen (Damasio, 1994, 1999; Roth, 2003). Verhalten wir uns außerdem gemäß unseren Emotionen, wird sich dies in einer generelleren Konkordanz bemerkbar machen, verhalten oder denken wir allzu häufig entgegen unseren Emotionen, kann dies zu psychischen Belastungen führen (Baron u. Byrne, 2002; Wittchen u. Hoyer, 2006). Auch wenn wir den Entscheidungsprozess im Detail betrachten, sehen wir, dass der schlussendliche Moment des Entscheidens an einem emotionalen Kriterium gefällt wird: Gefällt uns diese Entscheidung oder nicht? Pleasure or pain?

Rationalität und Emotionalität sind eng miteinander verbunden. Es sind zwei Systeme, die beide dazu beitragen, dass wir uns möglichst optimal in unserer Umwelt bewegen können. Emotionen sind außerdem ein gesamtkörperliches Phänomen. Sie sind weder im Bauch noch im Herzen noch an sonst einer anderen spezifischen Stelle des Körpers lokalisiert. Sie geben uns in dieser Hinsicht Informationen über unseren Körper, und dies direkter als die sich körperlichen Reizen abwendende Rationalität. Wie können wir aber nun Einfluss nehmen? Damasio erwähnt, dass Rationalität nicht direkt unsere Emotionen beeinflussen kann, sondern nur über den Mittelweg über andere Emotionen. Das Lebhaft-Machen von vergangenen Emotionen kann aktuelle beeinflussen und so können wir auch modulierend auf Situationen einwirken. Das Fühlen von Gefühlen ermöglicht die Planung von neuen Anpassungsreaktionen (Damasio, 1994; Roth, 2003). Folgen wir also einer alten philosophischen Forderung, werden wir damit auch eher zu ökonomischen Entscheidungen gelangen: *Gnōthi seautón!* – Erkenne dich selbst!

Emotionen begleiten jeden Akt des Bewusstseins, jede Denkbewegung. Letztere spielen sich nicht nur in verkopfter Rationalität ab, sondern sind immer auch emotional. Gedanken sind daher im Kopf genau wie auch im Bauch. Gefühle sind im Bauch und ebenso im Kopf. Für die Alternative »Kopf oder Bauch?« gibt es in ökonomischer Hinsicht eine einfache Antwort: beides.

Literatur

Baron, R. A., Byrne, D. (2003). Social psychology. Boston: Pearson.

Bechara, A., Damasio, H., Tranel, D., Damasio, A. R. (2005). The Iowa gambling task and the somatic marker hypothesis: Some questions and answers. Trends in Cognitive Sciences 9 (4), 159–162.

Bosse, T., Jonker, C. M., Treur, J. (2008). Formalisation of Damasio's theory of emotion, feeling and core consciousness. Consciousness & Cognition. Vol. 17, Issue 1, 94–113.

Damasio, A. R. (1994). Descartes error: Emotion, reason and the human brain. New York: Avon.

Damasio, A. R. (1999). The feeling of what happens. Orlando: Harcourt.

Darwin, C. (1872/2009). The Expression of the emotions in man and animals. New York: Penguin.

Erikson, E. H. (1950/2005). Kindheit und Gesellschaft. Stuttgart: Klett-Cotta.

Goethe, J. W. (1832/1999). Faust. Der Tragödie zweiter Teil. Stuttgart: Reclam.

Grün, K.-J. (2009). Angst. Vom Nutzen eines gefürchteten Gefühls. Berlin: Aufbau.

Immordino-Yang, M. H., McColl, A., Damasio, A. (2009). Neural correlates of admiration and compassion. PNAS May 12, Vol. 106, No. 19: 8021–8026.

Kant, I. (1783/2000). Was ist Aufklärung? Stuttgart: Reclam.

Meyer, W. U., Reisenzein, R., Schützwohl, A. (2001). Einführung in die Emotionspsychologie. Band I. Bern: Hans Huber.

Nietzsche, F. (1883/1986). Also sprach Zarathustra. Stuttgart: Reclam.

Roth, G. (2003). Fühlen, Denken, Handeln. Frankfurt a. M.: Suhrkamp.

Roth, G., Grün, K.-J. (2006). Das Gehirn und seine Freiheit. Beiträge zur neurowissenschaftlichen Grundlegung der Philosophie. Göttingen: Vandenhoeck & Ruprecht.

Roth, G., Lück, M., Strüber, D. (2006). »Freier Wille« und Schuld von Gewaltstraftätern aus Sicht der Hirnforschung und Neuropsychologie. Neue Kriminalpolitik 2: 55–59.

Wittchen, H. U., Hoyer, J. (2006). Klinische Psychologie & Psychotherapie. Heidelberg: Springer.

Michel Friedman

Angst vor szientistischer Kolonialisierung

Friedrich Kambartels Abwehr philosophischer Erkenntnisse neurobiologischer Forschung

Wer sich mit den atemberaubenden Erkenntnissen der neueren Hirnforschung konfrontiert sieht, will eigentlich mehr darüber erfahren. Vor allem, wenn er wissen will, wie unsere Entscheidungen zustande kommen, erlebt er fast monatlich neue Einsichten in die Arbeitsweise des menschlichen Gehirns. Umso befremdlicher ist die eigentümliche Abwehrhaltung, die von Seiten der Geisteswissenschaften dieser Forschung entgegengebracht wird. Noch bevor die neueren Wissenschaften erste Ergebnisse vorgelegt haben, haben namhafte Gelehrte die zu erwartenden Resultate der Hirnforschung kategorisch abgelehnt. Eine Vorreiterrolle in der Abwehr der Bedeutung hirnphysiologischer Forschung für unser Menschenbild sprechen Autoren dem viel zitierten Artikel von Friedrich Kambartel zu: »Kann es gehirnphysiologische Ursachen unseres Handelns geben?« (Kambartel, 1993).

Kambartel möchte darlegen, dass es aus begrifflichen Gründen unmöglich sei, hirnphysiologische Ursachen für unser Handeln entdecken zu können. Hierzu vertieft er sich in verschiedene Argumentationsstränge, stellt ein undurchsichtiges Gedankenexperiment vor und hat am Ende nicht mehr bewiesen als er zu Beginn voraussetzen konnte. Das Resultat seines Beitrages lautet: Man kann nie widerlegen, dass es auch andere Ursachen unseres Handelns geben könnte als die bloß empirisch an den Hirnfunktionen beobachteten. Kambartel zielt auf die These vom freien Willen. Sein Resultat besteht in der trivialen Auskunft, dass man niemals beweisen könne, dass es den freien Willen nicht gäbe. Doch wird dieses richtige Argument in der falschen Bedeutung gebraucht, die aus der Nichtbeweisbarbeit der Nicht-Existenz des freien Willens dessen Existenz als eine Tatsache setzen möchte. Dass Kambartels Beitrag paradigmatisch für den falschen Gebrauch des Nichtbeweisbarkeitsarguments steht, möchte ich in diesem Beitrag darlegen.

Kambartels Text ist aufschlussreich hinsichtlich dessen, was er verdunkelt und verschweigt. Zum einen speist er sich aus der verbreiteten falschen Überzeugung, dass die Unbeweisbarkeit der Nicht-Existenz anderer als der hirnphysiologischen Ursachen unseres Handelns einem Beweis für mögliche »lebensweltliche« Ursachen gleichkomme. Zum anderen offenbart er die Methode, einerseits eine beachtliche intellektuelle Kraft bei der Genauigkeit bestimmter Analysen aufzuwenden und andererseits an anderen Stellen mit einer sträflichen Ungenauigkeit falsche Schlüsse zu erschleichen.

Lassen wir zuerst das Fazit seiner Ausführungen auf uns wirken. Für Kambartel scheint von Anfang an festzustehen, dass es keine hirnphysiologischen Ursachen unseres Handelns geben dürfe. Dies legt bereits die äußerliche Betrachtung seines Sprachgebrauchs nahe.

Entlarvender Sprachgebrauch

Die Auskunft seiner Konklusion hätte den mächtigen Vorspann Kambartels erübrigen können. »Wir können uns [...] dagegen wehren, in einer Welt zu leben, in welcher unser gewissermaßen alteuropäisches Handlungsverständnis an den Rand gedrängt wird, im Sinne einer Kolonialisierung unserer Lebenswelt durch technizistische Verständnisse des Menschen« (Kambartel, 1993, S. 226). Deutlicher kann ein Ressentiment gegen neue Erkenntnisse kaum ausgesprochen werden. Ein Gelehrter beschwört das alteuropäische Handlungsverständnis, dessen Marginalisierung durch ein »technizistisches« Verständnis des Menschen ihm Sorgen bereitet. Warum »technizistisches« und nicht »technisches« Verständnis? Will Kambartel durch die Verwendung pejorativer Wortformen den Vormarsch einer für seine Geisteshaltung bedrohlichen Forschung abwerten und dadurch aufhalten? Will dieser Artikel wirklich eine kritische Reflexion über die Methoden hirnphysiologischer Forschungen auslösen?

Schon der Begriff eines »technizistischen« Verständnisses des Menschen ist irreführend und falsch. Wir assoziieren »Technik« mit geistiger und handwerklicher Leistung, mit Fortschritt, mit praktischer Hilfe für den menschlichen Alltag. Anders ist unsere Bewertung des Begriffs »technizistisch«. Ihn verbinden wir mit »oberflächlich«, »missbräuchlich«, »Künstlichem«, »Reduktionistischem«, »Inhumanem«, »Bedrohlichem«. Als ob dies Kambartel nicht reiche, verwendet er sogar noch den Begriff »Kolonialisierung«. Dieser beinhaltet die Vorstellung von Gewalt, Aggression und das Auferlegen einer Lebensform gegen den Willen der Menschen durch die Macht des Kolonialisierenden. Kolonialisierung ist stets autoritär und gegen den Willen der Kolonialisierten gerichtet. »Wissenschaft« und »Kolonialisierung« sind per se inkompatible Begriffe. Da Wissenschaft fortschreitend ist, entwickeln sich die neuen Theorien durch Erkenntnisgewinn und die alten verschwinden. Gerade auf diesem Erkenntnis- und Lernprozess beruht der wissenschaftliche Fortschritt.

Kambartels Gebrauch der kritisierten Begriffe im Rahmen einer wissenschaftlichen Diskussion erstickt und emotionalisiert die notwendige Auseinandersetzung mit den Erkenntnissen des vermeintlich Kolonialisierenden. Der Vergleich mit Methoden der Kolonialisation verrät das eigene autoritäre Verständnis des Autors von Aufgabe und Prozess wissenschaftlichen Fortschritts.

Die zitierte Textstelle aus dem Fazit des Autors stärkt überdies den Verdacht, dass die Adressaten des Textes diejenigen sind, die Kambartels Geisteshaltung von vornherein teilen. Sinnvoll sind seine Formulierungen nur dann, wenn der Autor zum Durchhalten ermuntern und zum wehrhaften Kampf gegen Andersdenkende aufrufen möchte. In jedem Fall aber verbreitet Kambartel Angst vor der »Kolonialisierung unserer Lebenswelt« durch ein neues Paradigma der Wissenschaften. Aber Kambartel verrät uns nicht, was im wissenschaftlichen Sinn falsch sein sollte an einem Menschenbild, das dem »alteuropäischen« zuwiderläuft. Er unterstellt allerdings, es herrschte nach wie vor ein alteuropäisches Handlungsverständnis, und dieses sei plausibler, durchdachter und leistungsfähiger als die abgewehrte Alternative einer Naturforschung.

Falsche Alternative

Kambartels Argumente beruhen überdies auf einer von ihm aufgestellten »Paradoxie«. Die Paradoxie leitet er ab aus dem Beispiel einer Armbewegung. Mein bewusstes Erlebnis sagt mir, dass mein bewusstes Ich es war, das den Entschluss gefasst und umgesetzt hat, den Arm zu heben. Gleichzeitig teilen mir aber Neurowissenschaftler mit, dass dieser Vorgang von unbewusst ablaufenden Hirnprozessen verursacht worden sei. Auf der einen Seite scheinen also neurowissenschaftliche Forschungen die kausale Verursachung unserer Handlungen durch Hirnzustände zu beweisen. Auf der anderen Seite erleben wir unsere Handlungen als willentliche Akte ohne kausalen Zwang. »Entweder ist das, was wir, z. B. wenn wir uns bewegen, tun, wirklich durch uns zustande gekommen oder es stößt uns lediglich als ein kausal verursachtes Ereignis zu« (Kambartel, 1993, S. 216).

Kambartel folgert also, dass es nicht möglich sei, das Erlebnis willentlicher Akte zu haben, die nicht durch einen kausalen Zwang hervorgerufen seien, während sie gleichwohl vollkommen kausal durch hirnphysiologische Zustände verursacht worden sind. Warum eigentlich nicht? Kambartel würde den Begriff der Sinnestäuschung sicher akzeptieren und damit selbst in der alteuropäischen Denkweise das Paradox zwischen Handlung und Wahrnehmung nicht grundlegend für unauflösbar betrachten. Warum aber verschließt er sich dann, wenn neurowissenschaftlich viel konkreter dargestellt wird, dass das scheinbare Paradox, das Kambartel unterstellt, in Wirklichkeit keines sein muss?

Was aus der Perspektive Kambartels aussieht wie eine Paradoxie, kann inzwischen – dank der Methodik naturforschender Wissenschaft – als aufgelöst betrachtet werden. Beispielhaft kann hier auf ein modernes Verfahren der Stimulation des Gehirns verwiesen werden. Die Tiefenhirnstimulation (Deep Brain Stimulation, DBS) wurde in den 1990er Jahren ursprünglich zur Behandlung von Parkinson-Patienten entwickelt. Inzwischen lassen sich eine ganze Reihe von Symptomen psychischer Leiden damit beseitigen: »Bewusstsein und Gedächtnis werden von den winzigen Stromimpulsen ebenso beeinflusst wie Stimmungen. Aus Tristesse wird Freude, aus Apathie Zuversicht. Der Elektronenfluss, ein bis zehn Volt bei 130 Hertz, beseitigt Ängste oder löst Panik aus, er kann Lust spenden, Ekel oder Zorn erzeugen« (Bahnsen, 2009).

Das Zustandekommen der neuen Wahrnehmung des Patienten durch Tiefenhirnstimulation wird ihm nicht bewusst, sondern nur das Ergebnis – die Apathie, die Freude oder Ähnliches. Kambartels Paradox würde aber hier die sinnlose Formulierung nahelegen: *weil* in dem Erleben des Patienten die Verursachung nicht bewusst geworden sei, müsse die Wahrnehmung des Patienten allein durch sein bewusstes Wollen ausgelöst worden sein. Es ist hingegen vollkommen normal, dass unsere Erlebnisse das Resultat eines Hirnprozesses widerspiegeln und nicht den Prozess selbst. Es gehört nicht zu den biologischen Notwendigkeiten, dass ich Elektronenflüsse in meinem Gehirn wahrnehme, sondern nur, dass bestimmte Elektronenflüsse starke Emotionen verursachen, die den Organismus zu Handlungen motivieren, die diese Emotionen verkleinern oder verstärken können. Schließlich spüre ich auch nur Zahnschmerzen und nicht den Elektronenfluss in Nervenbahnen, die ihn verursacht haben; und ist spüre nichts von den elektrischen Potenzialen, die die Konzentration meines Blutzuckers messen. Aus der Tatsache, dass ich den Zahnschmerzen verursachenden Elektronenfluss nicht wahrnehme, zu schließen, die Zahnschmerzen würden nicht dadurch verursacht, ist absurd. Schließlich kann ich ein Schmerzmittel einnehmen, das den Elektronenfluss unterbindet. Dann hören die Zahnschmerzen auch auf. Die Paradoxie entsteht nur im Gehirn desjenigen, der den Sachverhalt nicht als eine empirische Tatsache zur Kenntnis nehmen kann, obgleich er dem Sinneneindruck widerspricht.

Wie abwegig die von Kambartel verwendete allgemein verbreitete Alternative zwischen einem Wollen der Person und dem, was ihr bloß kausal zustößt, tatsächlich ist, hat Reinhard Merkel mit einem anderen Beispiel demonstriert: »Der Wille des hochgradig geisteskranken G, seinen Nachbarn zu töten, weil er in diesem den Teufel sieht und es für seine Pflicht hält, die Welt vom Teufel zu befreien, ist ganz gewiss G's ›eigener Wille‹. Wessen sonst? Und ebenso gewiss handelt G deshalb ›unter der Idee der Freiheit‹. Also ›wirklich frei‹? Dann wäre § 20 StGB zu streichen.[1] (Und das wäre längst nicht die irritierendste Konsequenz.) Schuldunfähigkeit wegen Geisteskrankheit gäbe es nicht. Jeder ungenötigte geisteskranke Wille wäre frei, auch wenn er die Einsicht ins Unrecht verstellte. Das alles ist […] im Ansatz verfehlt, nämlich in dem merkwürdigen Bestreben, Freiheit allein aus Begriffen zu beweisen und nur einen solchen Beweis für den einer reinen Vernunft zu halten« (Merkel, 2008, S. 65 f.).

Sicher wird Herr Kambartel zu der Mehrheit der Menschen zählen, die selbstverständlich Herrn G nicht glauben würden, dass es sein eigener und freier Wille sei, den Nachbarn zu töten. Auch sei dieser nicht durch G's eigenes Wollen zustande gekommen, sondern dieses Wollen sei ihm – wie Kambartel sich ausdrückt – »lediglich als ein kausal verursachtes Ereignis zugestoßen«, nämlich aufgrund seiner Geisteskrankheit. Die Versicherung des Herrn G aber, dass er das deutliche Erlebnis habe, dass dies sein eigener und fester Wille sei, würde Kambartel dagegen wahrscheinlich mit einer Empfehlung zur Einweisung des Herrn G in eine Nervenklinik ablehnen, und dies als einen Beweis seiner Schuldunfähigkeit gemäß § 20 StGB definieren. Ob bei Herrn G eine Geisteskrankheit vorliegt, die die mutmaßliche Willensfreiheit ausschließt, kann Kambartel nicht begrifflich feststellen, sondern müsste Gutachten von Neurobiologen und -psychiatern heranziehen, deren empirische Arbeit er jedoch ablehnt.

Die Paradoxie, dass ich eine Handlung als meine eigene ansehe und eine, die lediglich verursacht oder mir zugestoßen ist, ist eine Scheinparadoxie, die sich im Studium hirnphysiologischer Forschung vollkommen auflöst.

1 § 20 STGB: »Schuldunfähigkeit wegen seelischer Störungen.
Ohne Schuld handelt, wer bei Begehung der Tat wegen einer krankhaften seelischen Störung, wegen einer tiefgreifenden Bewußtseinsstörung oder wegen Schwachsinns oder einer schweren anderen seelischen Abartigkeit unfähig ist, das Unrecht der Tat einzusehen oder nach dieser Einsicht zu handeln.«

Argumente für die Hirnforschung

Nichtsdestotrotz lässt sich Kambartel auf weitere Überlegungen, die Paradoxie aufzulösen, ein – allerdings, um sogleich zu zeigen, dass die Lösungsversuche ins Leere münden müssten.

Der erste Lösungsversuch bedient sich des kantischen Dualismus, nach welchem der Mensch Bürger zweier Welten sei, der Welt der kausal wirkenden Naturgesetze und der Welt der vernünftigen Freiheit. Der zweite Lösungsversuch greift die kantsche Dualität auf und verlagert sie in die Sphäre der sprachanalytischen Philosophie, wo sie als das Problem der unzulässigen Vermischung zweier Sprachspiele – der Ding-Ereignis-Sprache und der Person-Handlungs-Sprache – behandelt werden könnte.

Schließlich formuliert er das mutmaßliche Paradoxon nach dem Muster des »wissenschaftlichen Marxismus«, nach welchem sich – wie Kambartel sagt – alle sinnvollen Aussagen über die gesellschaftliche Praxis ohne Verluste in Aussagen über physikalische Tatsachen übersetzen lassen sollten.

Alle drei Lösungsansätze sind in den Augen Kambartels nicht tragfähig. Aufschlussreich ist allerdings das Problem, das Kambartel beim zweiten Lösungsansatz – dem der Ding-Ereignis-Sprache und der Person-Handlungs-Sprache – wahrnimmt. Es ist geeignet, das regelmäßig vorgebrachte Argument eines Kategorienfehlers endgültig ad absurdum zu führen. Die im Argument des Kategorienfehlers behauptete semantische Trennung zwischen Ding-Ereignis-Sprache und Person-Handlungs-Sprache kann Kambartel zufolge nicht konsequent durchgehalten werden. »Löst dieses Verständnis der begrifflichen Situation (also der so genannte Zwei-Welten- oder Zwei-Sprachen-Ansatz) wirklich unsere Probleme auf? Wohl nicht. Denke ich. Es ist nämlich schlicht *falsch*, daß wir uns mit unseren Reden von Dingen, Ereignissen, Ursachen, Wirkungen, Personen, Handlungen, Verantwortungen usf. im allgemeinen nicht in derselben Welt oder Sprache bewegen. Wäre dies so, so könnten wir im Zweifelsfalle nicht darüber diskutieren, ob uns etwas als Ende einer unterstellten *Kausalkette* lediglich zugestoßen ist oder ob wir dafür als für unsere Tat verantwortlich sind. [...] Schließlich läßt sich offensichtlich sinnvoll darüber nachdenken, ob wir durch bestimmte Handlungen, z. B. durch das, was wir essen und trinken, die physiologischen Bedingungen in unserem Gehirn beeinflussen (und dies durchaus im kausalen Sinne des Wortes ›beeinflussen‹)« (Kambartel, 1993, S. 219).

Damit hätte also vor fast zwanzig Jahren die Rede vom Kategorienfehler, der den Hirnforschern beständig vorgehalten wird, beendet sein können. Gleichwohl gehört er nach wie vor zu den Standardmanövern der Verteidigung traditioneller Handlungstheorien. So führt eine neuere Studie aus: »Nach Ryle (1949) begeht man einen Kategorienfehler, wenn man Begriffe wählt (Bewusstseinsakt), die dem beschriebenen Sachverhalt (Gehirn-Aktivität, Bewegung) nicht angemessen sind. Dies ist schon daran zu erkennen, dass wir, wenn wir von einem Bewusstseinsakt reden, etwas meinen, das in der Ersten Person erfahren wird. Wenn wir von der Gehirnaktivität reden, meinen wir einen aus der Perspektive der Dritten Person mit Messgeräten beobachtbaren Vorgang« (Rieger u. Schicktanz, 2005, S. 33). Nicht minder stützt sich Eberhard Schockenhoff mit seinem Artikel »Wir Phantomwesen. Über zerebrale Kategorienfehler«, erschienen am 17. November 2003 in der Frankfurter Allgemeinen Zeitung, auf das längst widerlegte Argument. Klärende Kritik an seinen Ausführungen stellte bislang nur der Artikel von Thomas Köhler dar: »Kein spekulativer ›Raum der Gründe‹ – Das falsche Argument vom ›Kategorienfehler‹ in der aktuellen Diskussion um die philosophische Deutung neurobiologischer Erkenntnisse« (Köhler, 2008).

Kambartels subtile Analyse der Zwei-Welten-Lehre Kants im ersten Lösungsansatz wäre bereits geeignet gewesen, die perpetuierlich auf Kant zurückgeführten Argumente zur Verteidigung eines Vorranges der Vernunft ihrer Unhaltbarkeit zu überführen. »Wenn es richtig ist, daß Rauchen Lungenkrebs hervorruft und wenn zum Lungenkrebs auch physiologische Charakteristika (z. B. Stoffwechsel und Reproduktionsmechanismen der Krebszellen) gehören, so operiert eine Mahnung, das Rauchen wegen dieser Auswirkungen zu unterlassen, sprachlich gewissermaßen zwischen den Welten des Empirischen und Intelligiblen im Sinne Kants. Ein Satz, der semantisch die Trennlinie zwischen physikalischen und praktischen Aspekten unseres Lebens durchschneidet, kann also nicht von vornherein sinnlos sein« (Kambartel, 1993, S. 219).

Indem Kambartel die beiden beliebtesten Manöver zur Abwehr des neurowissenschaftlichen Naturalismus ad absurdum geführt hat – einerseits die Berufung auf Kants Vorrang des intelligiblen Reichs der Vernunft und Freiheit und andererseits die Rede vom Kategorienfehler –, findet er eine für ihn befriedigende Erklärung darin, dass Hirnforschung stets nur notwendige Bedingungen des Handelns angeben könne, aber niemals hinreichende Ursachen. »Die neurophysiologische Forschung, insbesondere die Hirnforschung, hat nach meinem Urteil bisher nirgends mehr als *Bedingungen* unseres Handelns zutage gefördert« (Kambartel, 1993, S. 223).

Das Neuronale könne Kambartel zufolge ausschließlich notwendige Bedingungen für das Handeln bereitstellen. Selbst in ihrer Summe wertet Kambartel sie offenbar nicht als eine hinreichende Bedingung. In der Beschreibung dessen, was die hinreichende Bedingung des Handelns bereitstelle, führt Kambartel ein Gedankenexperiment an, das einen hirnphysiologischen Versuchsaufbau beschreiben soll.

Um die kausale Verursachung einer Handlung durch hirnphysiologische Zustände zu beweisen, sollte man eine Situation S beschreiben können, die stets eine bestimmte Handlung h zur Folge hätte. Die Versuchspersonen sollten über Sinn und Ablauf des Experiments informiert sein. Dies sei nötig, um auszuschließen, dass der kausale Mechanismus nicht nur dann in Kraft trete, wenn die betreffende Versuchsperson nichts von ihm wisse.

Ein solches Experiment mit einer informierten Versuchsperson P könnte drei mögliche Ergebnisse zur Folge haben:

1. P handelt nicht im Sinne der Determination durch die Situation S. Dann wäre die physiologische Verursachung von Handlungen widerlegt.
2. P erfährt einen kausalen Zwang, dem er sich nicht willentlich widersetzen kann. Dabei findet keine Handlung im herkömmlich definierten Sinn statt.
3. P handelt entgegen ihrer ursprünglichen Intention kausal determiniert durch S und kann dies begründen.

Weil aber der 3. Fall stets der von Kambartel verwendeten Definition von Handeln widerspräche, bleibt er davor bewahrt, jemals ein physiologisch verursachtes Verhalten als Handlung bezeichnen zu müssen und damit das Experiment als positive Beantwortung der Fragestellung zu bewerten. Kambartel kann sich jederzeit auf die Definition von Handlung als einem durch freie Willensäußerung erzeugten Prozess berufen. In Wirklichkeit ist für Kambartels Handlungstheorie nur dieses 3. Fall-Beispiel bedrohlich. Mit dem 2. Fall kann selbst er gut umgehen, weil er dem Willen zubilligt, durch geistige Störungen nicht frei zu sein. Währendessen ist der 1. Fall an sich banal, weil er die These Kambartels vollständig bestätigen würde.

Der 3. Fall aber speist sich aus Kambartels Unterscheidung zwischen notwendigen und hinreichenden Bedingungen. Folgte seine These, dass hirnforschende Wissenschaft ausschließlich notwendige Bedingungen des Handelns herausstellen könne, einer gewissen Plausibilität, so löst sich diese in dem Moment auf, in dem Kambartel gesellschaftliche Gegebenheiten als hinreichende Bedingungen für das Handeln ausweisen möchte. In einem abschließenden Absatz seines Artikels erklärt Kambartel nämlich: »Unsere Betrachtungen sind, das möchte ich am Schluß betonen, auf die Vorstellung einer physiologischen, oder allgemeiner: einer physikalisch-technischen Verursachung unseres Handelns beschränkt. In anderen Zusammenhängen läßt sich, selbstverständlich, von einer Verursachung menschlichen Handelns sprechen. Wenn wir etwa wissen, welche Regeln des Handelns sich eine Person oder Gruppe als einigermaßen feste Gewohnheiten zu eigen gemacht hat, so können wir in vielen Fällen Situationen schaffen, welche die Prämissen dieser gewohnheitsmäßig befolgten Handlungsregeln erfüllen, und dann [...] einigermaßen sicher sein, daß das von den Gewohnheiten geforderte Handeln erfolgt. Dies ist ein Sinn, neben anderen, in welchem wir sagen können, daß wir Handeln bewirken; ohne daß dieses hier allerdings seinen Handlungscharakter verliert. Denn Gewohnheiten haben nicht die Härte der Naturnotwendigkeit« (Kambartel, 1993, S. 226).

Wenn Kambartel selbst zugesteht, dass Gewohnheiten noch weniger als Naturnotwendigkeiten eine notwendige oder gar hinreichende Verursachung ergeben könnten, was versteht er dann noch unter Verursachung? Kambartel erweckt den Eindruck, als wolle er »Verursachung menschlichen Handelns« dann gelten lassen, wenn sie aus soziologischen Kategorien gewonnen wurde.

Welchem Begriff von »Verursachung« folgt er dabei? Will Kambartel etwa sagen, dass die soziologischen Kategorien hinreichende Bedingungen für Handeln angeben könnten? Wie wollte Kambartel allerdings so etwas überprüfen? Durch Messung magischer Kräfte? Es wäre nämlich dann ein Beweis zu führen, dass Impulse des Bewusstseins im kausalen Sinn eine Handlung verursachen könnten. Erstens könnte ein solcher Beweis nur empirisch geführt werden, und zweitens zeigen alle bisherigen empirischen Forschungen, dass ein Bewusstseinsakt sich zuerst über die bekannten neurobiologischen Prozesse in eine physische Ursache verwandeln müsste. Dabei verlöre er seine Selbstständigkeit und müsste alle unbewussten Zensoren überwinden, auf die der Bewusstseinsakt als solche keinen Einfluss hat.

Statt die Frage aus dem Thema seines Artikels zu beantworten, hat Kambartel am Ende nur ein Plädoyer für die alteuropäische Bewusstseinsphilosophie angeboten. Die Art und Weise, wie wir der Umsetzung beziehungsweise der Nichtumsetzung der Werte sowohl der alten als auch der neuen Welt begegnen, also ob und wie der Mensch in der Lage ist, mit ihnen umzugehen, hat sich mit den neurobiologischen Erkenntnissen gegenüber der alten Welt und ihrer Denkweise bewegt. Das »alteuropäische Handlungsverständnis« beruht auf der Prämisse, dass zu den notwendigen Bedingungen des Handelns, die wir empirisch erforschen können, eine weitere Bedingung hinzukommen müsse, die als der eigentlich auslösende Faktor das Handeln allererst verursachen könnte, aber nicht empirisch erforschbar sei, weil beispielsweise der freie Wille durch keinen physiologischen Versuchsaufbau gemessen werden könne. Dieser Denkweise ist die Rede vom freien Willen als dem wichtigsten Fundament unserer Ethiken nach wie vor verpflichtet. Aber wo soll das Erlebnis des freien Willens verursacht werden, wenn nicht im Gehirn? In der Leber? In einer Aura des Menschen? In einer Zauberkraft des losgelösten Denkens?

Das Argument, dass es keine hinreichende neurowissenschaftliche Verursachung des Handelns gäbe, lässt sich am Ende sogar gegen die These des Verfassers wenden mit dem Gedanken, dass es ebenso wenig eine hinreichende mentale Verursachung unseres Handeln geben könne, ohne dass das Mentale seinerseits eine hirnphysiologische Ursache habe. Auch die Verursachung der Handlung folgt aus dem Gehirn und nicht aus dem Mentalen oder den gesellschaftlichen Konstellationen. Soziologische Konstellationen (Gewohnheiten, eine stets wiederkehrende Wenn-Dann-Konstellation) führen zu einer Handlung, wenn im Hirn diese Information erstens gespeichert und zweitens in einen Zusammenhang mit anderen Gewohnheiten gebracht wurde. Keine gesellschaftliche Voraussetzung alleine kann, ohne das Gehirn als Mittel zu nutzen, ein Handeln »verursachen«. Wenn wir in der Terminologie Kambartels bleiben wollen, dann müssen wir festhalten, dass auch die gesellschaftlichen Bedingungen allenfalls notwendige Bedingungen, jedoch keine hinreichenden Bedingungen beschreiben können.

Ausblick

Die hier vorgestellten Überlegungen stammen aus meiner philosophischen Dissertation »Schuldlose Verantwortung – Vorgaben der Hirnforschung für Ethik und Strafrecht« (Friedman, 2010). Sie widmet sich der Frage, ob die gegenüber der neurowissenschaftlichen Forschung eingenommenen Positionen »alteuropäischen« Handlungsverständnisses tatsächlich besser begründet sind als die von ihnen zurückgewiesenen neurobiologischen Forschungsergebnisse zur Fragen der Ethik. Das Ergebnis meiner Arbeit ist, dass die neurobiologischen Erkenntnisse mindestens so zu berücksichtigen sind wie die bisher angewandten. Daher schlage ich vor, dass vor allem die ethischen Grundlagen unserer juristischen Begriffe von Schuld und Verantwortung überdacht werden müssen.

Deswegen steht am Ende dieses Beitrags die Frage, ob es nicht dahingestellt sein kann, ob wir aus einem klassisch naturalistischen, dem kantschen oder der modernen Neurobiologie unsere Entwürfe zur Ethik entwickeln, um Täter für ihr Handeln verantwortlich zu machen und zu strafen.

Die Grundlage des strafrechtlichen Gedankens liegt darin, Menschen bei ihrem abweichenden Verhalten zur Rechenschaft ziehen zu können, was ihre Fähigkeit zur eigenen Verantwortlichkeit voraussetzt. Dabei kann dahingestellt sein, ob das Handeln des Menschen durch einen unterstellten freien Willen von außerhalb des Hirns diesen Menschen bestimmt oder durch Hirnaktivität von innen her verursacht worden ist. Denn auch im zweiten Fall handelt unzweifelhaft dieser konkrete Mensch. Deswegen ist der Vorwurf, dass der Wegfall des bisherigen Schuldstrafrechts auch zum Wegfall der Verantwortlichmachung führen müsse, nicht stringent. Die Verantwortlichmachung des Menschen durch den Staat, vertreten durch das Strafrecht, ist das Ergebnis eines gesellschaftspolitischen, moralischen Prozesses, der überhaupt erst abweichendes Verhalten definiert und der demokratischen Mehrheitsentscheidung durch Bildung eines Gesetzes erlaubt, den Abweichenden zu bestrafen. Um dieses Ergebnis zu erreichen, bedarf es nicht unbedingt der mittlerweile unstreitig streitigen Betrachtung des Schuldbegriffs. Wir benötigen den Begriff der »Schuld« nicht, um zu strafen. Vielmehr führt eine Entideologisierung des Schuldbegriffs zu differenzierteren und damit der Resozialisierung dienenden Strafkonzepten.

Literatur

Bahnsen, U. (2009). Die Biologie der Seele. In Zeit Wissen 06/2009. Zugriff am 5. Januar 2010 unter http://www.zeit.de/zeit-wissen/2009/06/Titel-LT.

Friedman, M. (2010). Schuldlose Verantwortung – Vorgaben der Hirnforschung für Ethik und Strafrecht. Frankfurt a. M.: Peter Lang.

Kambartel, F. (1993). Kann es gehirnphysiologische Ursachen unseres Handelns geben? In A. Elepfandt, G. Wolters (Hrsg.), Interdisziplinäre Perspektiven zum Thema Gehirn und Geist (S. 215–227). Konstanz: Universitätsverlag.

Köhler, T. (2008). Kein spekulativer »Raum der Gründe« – Das falsche Argument vom »Kategorienfehler« in der aktuellen Diskussion um die philosophische Deutung neurobiologischer Erkenntnisse. In K.-J. Grün, M. Friedman, G. Roth (Hrsg.), Entmoralisierung des Rechts. Maßstäbe der Hirnforschung für das Strafrecht. Göttingen: Vandenhoeck & Ruprecht. Merkel, R. (2008). Willensfreiheit und rechtliche Schuld. Eine strafrechtsphilosophische Untersuchung. Baden-Baden: Nomos.

Rieger, J. W., Schicktanz, S. (2005). »Wenn Du denkst, dass ich denke, dass Du denkst …«. In C. S. Herrmann, M. Pauen et al. (Hrsg.), Bewusstsein – Philosophie, Neurowissenschaften, Ethik. München: Wilhelm Fink.

Thomas Köhler

Kopf oder Bauch in Schopenhauers Dualität von Wille und Vorstellung

Bevor ich die Schlagworte aus dem Titel dieses Artikels etwas eingrenze, möchte ich gleich am Anfang ein naheliegendes Missverständnis ausschließen, das der Leser aus einer Symmetrie ableiten könnte, und zwar der Symmetrie zwischen dem ersten Teil des Titels – »Kopf oder Bauch« – und dem zweiten Teil – »Wille und Vorstellung«. Oberflächlich betrachtet könnte man dem Kopf die Vorstellung zuordnen und dem Bauch den Willen, so dass es nur noch um die Entscheidung zwischen »und« oder »oder« geht.

Wie gesagt, ein Missverständnis, wie sich im Weiteren zeigen wird, denn es geht Schopenhauer in seinem Hauptwerk darum, ein Weltbild zu erschaffen, welches auf seiner Dissertation »Über die vierfache Wurzel des Satzes vom zureichenden Grunde« (Schopenhauer, 1847/1986) und der Erkenntnistheorie Kants beruht. Letztere ergänzt er in Bezug auf zwei wesentliche Aspekte:
- A-priori-Urteil,
- Ding an sich.

In seiner Dissertation (kurz: »Satz vom Grunde«) kommt Schopenhauer zu folgender Erkenntnis: Subjekt und Objekt bedingen sich gegenseitig. Es geht keines von beiden dem jeweils Anderen voraus, weder im zeitlichen, räumlichen noch im kausalen Sinne.

Daraus ergibt sich bereits die Korrektur an Kants A-priori-Urteilen. Kant hat in seiner »Kritik der reinen Vernunft« (1787/1974) herausgearbeitet, dass der Mensch bei der Verarbeitung von Wahrnehmungen auf A-priori-Urteile zurückgreift, und zwar u. a. auf Raum und Zeit. Schopenhauer übernimmt die Idee des A-priori-Urteils, bezieht es allerdings auf seine Wahrheit des Satzes vom

Grunde. Zeit, Raum und Kausalität, Formen der Erfahrung, die das Subjekt bei der Verarbeitung einer Wahrnehmung dieser hinzufügt, sind bei Schopenhauer Gestaltungen des Satzes vom Grunde. Nach diesen Verarbeitungsschritten setzt die Vernunft ein, die dem Menschen die Reflexion mit den Elementen erlaubt, die von seinen Sinnen wahrgenommen und von seinem Verstand ergänzt und korrigiert worden sind. Aus den Reflexionen entsteht die *Vorstellung* des Menschen, ein Weltbild, das sich das Individuum aufbauen muss, um für seine eigene Existenz ein Bezugssystem zu schaffen.

Allerdings ist dieser Handlungskontext noch unbrauchbar, es fehlt noch eine Art der Kalibrierung oder Normierung dieser Vorstellung in Bezug auf den individuellen, eigenen Körper. Jedes Individuum, das sich seinen Handlungskontext aufbaut, den es zum Existieren benötigt, verfügt über einen eigenen Körper. Schopenhauer hat herausgefunden, dass der Mensch auf zweierlei Weisen zu seinem eigenen Körper Zugang hat. Er kann ihn mit seinen Sinnen wahrnehmen und ihn nach Verarbeitung der Sinneswahrnehmungen durch Verstand und Vernunft seiner Vorstellung hinzufügen. Er kann seinen Körper aber auch fühlen. Nicht im Sinne von ertasten, sondern in einer Weise, die der »Satz vom Grunde« bereits implizit postuliert.

Der »Satz vom Grunde« basiert auf dem Unterschied zwischen Subjekt und Objekt. Es ist dies, simpel gesagt, die Antwort auf die Frage: Wo höre ich auf und wo beginnt das Nicht-Ich? Mit Hilfe der Anschauung ist diese Grenze nicht zu finden und dennoch spürt sie jedes Individuum ganz unmittelbar. Dieses unmittelbare Empfinden basiert auf dem zweiten Zugang, den das Individuum zu seinem Körper hat, und diese erspürte Eigenschaft des individuellen Körpers nennt Schopenhauer *Objektivation des Willens.* Der »Wille«, im Sinne Schopenhauers, ist keinem speziellen Individuum zugeordnet, aber er macht sich für das Individuum über den eigenen Körper bemerkbar.

Dieses Ausloten der eigenen Körpergrenzen ist eine Konsequenz des im »Satz von Grunde« postulierten Zerfalls der Wirklichkeit in Subjekt und Objekt und dazu bedarf es des Willens. Das Ausloten der eigenen Grenzen ist keineswegs nur räumlich gemeint. Es scheidet letztlich den Teil der Anschauung des Individuums, den es direkt kontrolliert, von dem Teil seiner Wirklichkeit, der außerhalb des eigenen Körpers liegt, aber umgekehrt auf das beobachtende Subjekt einwirkt.

Um es hier an einem Beispiel zu verdeutlichen: Wenn ein Mensch ins Wasser geht, bildet dieses einen durchaus relevanten Teil seines unmittelbaren Handlungskontextes. Das merkt der Mensch spätestens, wenn er den Kopf unter Wasser nimmt und versucht zu atmen. Durch die Anschauung ist dem Menschen dieses Phänomen nicht zugänglich. Erst durch das Aufeinandertreffen der beiden Objektivationen des Willens, also des Körpers (insbesondere des Kopfes) und des Wassers, wird die Vorstellung des Menschen angereichert um die Erfahrung des Eintauchens in das ihn umgebende Wasser und erst damit zu brauchbarem Handlungskontext. Diesen Willen, der somit eindeutige Voraussetzung für alles Leben ist, setzt Schopenhauer mit dem von Kant postulierten »Ding an sich« gleich.

Um einem sehr gängigen Missverständnis vorzugreifen: Dieser Wille Schopenhauers ist keineswegs die konkrete Intention eines Individuums, sondern ist ein allgemeines Wirkprinzip; er ist in diesem Sinne mit dem Bedeutungsinhalt des Wortes »Wille«, den man beispielsweise im Zusammenhang mit der Willensfreiheit diskutiert, nicht identisch. Soweit zunächst der Exkurs zu Schopenhauers philosophischem Grundkonzept, auf das der zweite Teil der Überschrift dieses Beitrags rekurriert.

Etwas eingängiger ist die Erklärung für den ersten Teil der Überschrift. Das Schlagwort »Kopf oder Bauch« verweist auf eine Auseinandersetzung, die sowohl in der Philosophie wie auch in der Psychologie und neuerdings in der Neurobiologie mit großer Leidenschaft geführt wird. Es geht um die Frage, wie menschliches Handeln gesteuert wird. Kopf steht dabei für menschliche Reflexion und Bauch für einen emotionalen Handlungsauslöser. Es gibt in der Wissenschaft keinen Zweifel, dass auch Bauchentscheidungen im Kopf verarbeitet und erzeugt werden, aber es wird in der allgemeinen Wahrnehmung so genannten Bauchentscheidungen eine höhere Körpernähe zugemessen, was die eigentlich unkorrekte Wortwahl nachvollziehbar machen sollte.

Um dem Titel dieser Abhandlung nun gerecht zu werden, gilt es, die Einlassungen Schopenhauers in dessen Hauptwerk »Die

Welt als Wille und Vorstellung« zu identifizieren und zu diskutieren, in denen er sich mit dieser Frage beschäftigt.

Schopenhauers erste Anmerkung zu diesem Thema findet sich auf der letzen Seite von § 12 im ersten Band seines Hauptwerks, in dem er sich intensiv mit dem Wissen und der Reflexion auseinandersetzt, nachdem er das vorangegangene Kapitel dem Gefühl gewidmet hat. Gleichsam relativierend kommt er am Ende der Erörterung des Wissens auf Tugend und Heiligkeit zu sprechen und schreibt dann: »das Handeln geschieht, wie man spricht, nach *Gefühlen*« (Schopenhauer, 1859/1986, S. 103), um dann weiter auszuführen: »Die Dogmen beschäftigen die müßige Vernunft: das Handeln geht zuletzt unabhängig von ihnen seinen Gang, meist nicht nach abstrakten, sondern nach unausgesprochenen Maximen, deren Ausdruck eben der ganze Mensch selbst ist« (Schopenhauer, 1859/1986, S. 103 f.).

Damit bezieht Schopenhauer eindeutig Stellung dafür, dass menschliches Handeln nicht vernunftgesteuert ist und damit, im Sinne dieses Artikels, für »Bauch«. Die Rolle der Vernunft erläutert Schopenhauer im folgenden Text am Beispiel des »tugendhaften Wandels«, bei der nach seiner Vorstellung die »Anwendung der Vernunft nötig sei: nur ist sie nicht die Quelle desselben [des tugendhaften Wandels]; sondern ihre Funktion ist eine untergeordnete, nämlich die Bewahrung gefasster Entschlüsse, das Vorhalten der Maximen, zum Widerstand gegen die Schwäche des Augenblicks und zur Konsequenz des Handelns« (Schopenhauer, 1859/1986, S. 104).

Das Zusammenspiel von Kopf und Bauch erläutert Schopenhauer dann noch am Beispiel der Erschaffung eines Kunstwerks im nächsten (und letzten) Satz dieses Kapitels, indem er ausführt: »Dasselbe leistet sie [die Vernunft] auch in der Kunst, wo sie doch ebenso in der Hauptsache nichts vermag, aber die Ausführung unterstützt, eben weil der Genius nicht in jeder Stunde zu Gebote steht, das Werk aber doch in allen Teilen vollendet und zu einem Ganzen geründet sein soll« (Schopenhauer, 1859/1986, S. 104).

Die Vernunft hat in der Steuerung menschlichen Handelns nach diesen Worten Schopenhauers lediglich eine Art Hilfs- oder Unterstützungsfunktion, ist aber keineswegs der Auslöser einer menschlichen Tat, noch kontrolliert sie deren Ausführung in einem für die Tat wesentlichen Umfang.

Wie kommt Schopenhauer nun zu dieser fundamentalen Erkenntnis, die zwar inzwischen mit neurophysiologischen Experimenten nachgewiesen werde konnte (Libet, 1999), aber von vielen Philosophen nach Schopenhauer bis in unsere Gegenwart hin erfolgreich ignoriert wurde und wird?

Schopenhauers Argumentation folgt der Absicht, ein widerspruchsfreies Weltbildes aus einem Grundsatz, dem »Satz vom Grunde«, mit Hilfe von erkenntnistheoretischen Beobachtungen systematisch zu entwickeln. Das Begriffssystem und einige wesentliche Erkenntnisse übernimmt er von Kant, wobei er dessen Fundament, die Empirie, durch seinen Satz vom Grunde relativiert. Kant geht in seinem Ansatz implizit von einer objektiven Welt aus, die unabhängig vom erkennenden Individuum existiert und die Basis bei der Bildung des Handlungskontextes des Individuums darstellt, allerdings ohne vom Individuum korrekt erkannt zu werden.

Schopenhauer übernimmt von Kant die Aufteilung des Erkenntnisprozesses in folgende drei Teile:
- Sinnlichkeit,
- Verstand,
- Vernunft.

Die Sinnlichkeit erzeugt aus den Signalen der Sinnesorgane unter Hinzufügung von Zeit und Raum die Anschauung. In einem zweiten Schritt dieses Prozesses zur Entschlüsselung von Wahrnehmungsdaten fügt der Verstand der Beobachtung neben einigen optischen Korrekturen die *Kausalität* hinzu. Das Ergebnis ist dann die *intuitive Erkenntnis* des Individuums. Aus dieser Erfahrung erzeugt die Vernunft den der Beobachtung zugeordneten Begriff, der als *Wissen* gespeichert, reflektiert und kommuniziert werden kann.

Im Gegensatz zu den Wahrnehmungen, die durch den Einsatz der Vernunft zu Begriffen werden, definiert Schopenhauer »jede Modifikation des Bewußtseins [...], die nur nicht unmittelbar zu *ihrer* [der Vernunft] Vorstellungsweise gehört, d. h. *nicht abstrakter Begriff* ist«, als Gefühl (Schopenhauer, 1859/1986, S. 96).

Schopenhauer kommt im weiteren Verlauf des ersten Buches seines Hauptwerks auf das Thema dieses Artikels ein zweites Mal zu sprechen, und zwar im letzten Paragraphen § 16, in welchem er zum Abschluss seiner gründlichen Analyse der Vernunft als besondere Erkenntniskraft des Menschen noch darauf kommt, »von der Vernunft zu reden, sofern sie die Handlungen der Menschen leitet, also in dieser Rücksicht *praktisch* genannt werden kann« (Schopenhauer, 1859/1986, S. 137).

Isoliert betrachtet, steht dieses Zitat im Gegensatz zur oben diskutierten Aussage aus § 12. Besteht Schopenhauer dort noch darauf, dass Handeln von Gefühlen gesteuert wird und die Vernunft lediglich als Korrektiv beziehungsweise zur Steuerung der Restarbeiten fungiert, konzediert Schopenhauer in diesem Zitat der Vernunft durchaus die Fähigkeit, Handlungen des Menschen zu leiten. Nun hängt dieser Gegensatz davon ab, wie stark Schopenhauer den Einfluss der Vernunft auf die Ausführung menschlicher Taten, den er ja durchaus auch im Kapitel § 12 zulässt, einschätzt.

In der Argumentation, die dem zweiten Zitat folgt, führt Schopenhauer den Unterschied zwischen menschlichem und tierischem Verhalten an. Dieser basiert nach Schopenhauer darauf, dass der Mensch bei der Ausführung seiner Tat neben dem Ergebnis des Verstands (intuitive Erkenntnis) auch noch die Begriffe der Vernunft (rationale Erkenntnis) im Bewusstsein hat. Zur Erläuterung führt Schopenhauer ein Erklärungsmodell ein, welches die Dualität zwischen intuitiver und abstrakter Erkenntnis sehr schön beschreibt und damit das Dilemma sichtbar macht, welchem der Mensch in seinem Handeln unterliegt, weil er im Gegensatz zum Tier zusätzlich zum Verstand noch über das Vermögen der Vernunft verfügt.

»Daher ist es beachtenswert, ja wunderbar, wie der Mensch neben seinem Leben in concreto immer noch ein zweites in abstracto führt. Im ersten ist er allen Stürmen der Wirklichkeit und dem Einfluß der Gegenwart preisgegeben, muß streben, leiden, sterben wie das Tier. Sein Leben in abstracto aber, wie es vor seinem vernünftigen Besinnen steht, ist die stille Abspiegelung des ersten und der Welt, worin er lebt, ist jener eben erwähnte verkleinerte Grundriß. Hier im Gebiet der ruhigen Überlegung erscheint ihm kalt, farblos und für den Augenblick fremd, was ihn dort ganz besitzt und heftig bewegt: hier ist er bloßer Zuschauer und Beobachter« (Schopenhauer, 1859/1986, S. 139).

An diesem Bild wird deutlich, welche Rolle Schopenhauer »Bauch« und »Kopf« bei der Steuerung menschlichen Handelns zumisst. Menschliches Handeln findet im *Leben in concreto* statt (unterliegt also »Bauch«), die Planung einer Tat dagegen im *Leben in abstracto* (kontrolliert von »Kopf«). Diese Dualität hat allerdings sehr weit reichende Konsequenzen auf die Qualität menschlichen Handelns. Schopenhauer beschreibt das so:

»Aus diesem doppelten Leben geht jene von der tierischen Gedankenlosigkeit sich so sehr unterscheidende menschliche Gelassenheit hervor, mit welcher einer nach vorhergegangener Überlegung, gefaßtem Entschluß oder erkannter Notwendigkeit das für ihn Wichtigste, oft Schrecklichste kaltblütig über sich ergehn läßt oder vollzieht: Selbstmord, Hinrichtung, Zweikampf, lebensgefährliche Wagstücke jeder Art und überhaupt Dinge, gegen welche seine ganze tierische Natur sich empört. Da sieht man dann, in welchem Maße die Vernunft der tierischen Natur Herr wird, und ruft dem starken zu: […] ein eisernes Herz hast du wahrlich! […]. Hier, kann man wirklich sagen, äußert sich die Vernunft *praktisch*: also überall, wo das Tun von der Vernunft geleitet wird, wo die Motive abstrakte Begriffe sind, wo nicht anschauliche einzelne Vorstellungen noch der Eindruck des Augenblicks, welcher das Tier leitet, das Bestimmende ist, da zeigt sich *praktische Vernunft*« (Schopenhauer, 1859/1986, S. 139 f.).

Wenn man nun das Modell des doppelten Lebens mit den beschriebenen gravierenden Konsequenzen auf das menschlichen Handeln in Einklang bringen möchte, stellt sich die Frage: Wie geschieht nun genau der Übergang zwischen dem Leben in abstracto und dem Leben in concreto? Was führt denn nun dazu, dass eine Handlung, die dem Verstand des Menschen entgegengerichtet ist, nach intensiver Reflexion mit Hilfe der Vernunft doch zur Ausführung kommt? Diese Frage bleibt Schopenhauer in diesem Teil seiner Abhandlung schuldig. Stattdessen nutzt er die Gelegenheit, mit einem anderen philosophischen Fehlschluss aufzuräumen, nämlich dem von vielen Idealisten und auch von Kant konstruierten Zusammenhang von vernunftgesteuertem und ethischem

Handeln. Einem Thema, das gesondert zu diskutieren ist und hier deshalb nicht weiter verfolgt wird.

Weiteren Aufschluss über die von Schopenhauer ermittelte Funktionsweise der Steuerung menschlichen Handelns gibt es im zweiten Buch seines Hauptwerks, in welchem er den Willen einführt. Dabei betrachtet er die Handlung eines Individuums zunächst aus der Sicht des Beobachtenden, der sich mit Hilfe von Sinnlichkeit, Verstand und Vernunft aus seinen Sinnesreizen in der oben geschilderten Weise die Welt als Vorstellung erstellt, und führt aus: »die Bewegungen, die Aktionen desselben sind ihm [dem erkennenden Subjekt] insoweit nicht anders als wie die Veränderungen aller anderen anschaulichen Objekte bekannt und wären ihm ebenso fremd und unverständlich, wenn die Bedeutung derselben ihm nicht etwan auf eine ganz andere Art enträtselt wäre. Sonst sähe er sein Handeln auf dargebotene Motive mit der Konstanz eines Naturgesetzes erfolgen, eben wie die Veränderungen anderer Objekte auf Ursache, Reize, Motive« (Schopenhauer, 1859/1986, S. 157).

Das erkennende Individuum ist nun aber seinerseits Subjekt und verfügt daher über eine Erfahrung, die es davor bewahrt, die beobachteten Bewegungen eines Lebewesens als Resultate von Naturgesetzen zu interpretieren. Es ist die Erfahrung, die das Individuum macht, wenn es beispielsweise mit seinem Arm eine Bewegung ausführt, die gegen die Schwerkraft gerichtet ist. Das sich dahinter verbergende Wirkprinzip, welches das erkennende Subjekt an sich selbst spürt, aber nicht beobachten und daher auch seiner Vorstellung nicht hinzufügen kann, nennt Schopenhauer »Wille«. Letzterer manifestiert sich also durch den Handlungsakt eines Individuums und Schopenhauer führt weiter aus:

»Jeder wahre Akt seines Willens ist sofort und unausbleiblich auch eine Bewegung seines Leibes: er kann den Akt nicht wirklich wollen, ohne zugleich wahrzunehmen, daß er als Bewegung des Leibes erscheint. Der Willensakt und die Aktion des Leibes sind nicht zwei objektiv erkannte verschiedene Zustände, die das Band der Kausalität verknüpft, stehn nicht im Verhältnis der Ursache und Wirkung; sondern sie sind eines und dasselbe, nur auf zwei gänzlich verschiedene Weisen gegeben: einmal ganz unmittelbar und einmal in der Anschauung für den Verstand« (Schopenhauer, 1859/1986, S. 157 f.).

Weil sich das Wirkprinzip *Wille* durch die Bewegungen des Körpers manifestiert, nennt Schopenhauer den Körper eines Individuums, den er im Buch über die Vorstellung noch als *unmittelbares Objekt* bezeichnete, von nun an *Objektität des Willens*.

Im Weiteren erfolgt nun eine sehr klare Abgrenzung des so definierten Willens von der Weise, wie dieses Wort oftmals im allgemeinen Sprachgebrauch benutzt wird, indem zwischen Willensbeschlüssen und dem eigentlichen Willensakt unterschieden wird, und weiter: »nur die Ausführung stempelt den Entschluß, der bis dahin immer nur noch veränderlicher Vorsatz ist und nur in der Vernunft, in abstracto, existiert. In der Reflexion allein ist Wollen und Tun verschieden: in der Wirklichkeit sind sie *eins*. Jeder wahre, echte, unmittelbare Akt des Willens ist sofort und unmittelbar auch erscheinender Akt des Leibes; und diesem entsprechend ist andererseits jede Einwirkung auf den Leib sofort und unmittelbar auch Einwirkung auf den Willen: sie heißt als solche Schmerz, wenn sie dem Willen zuwider; Wohlbehagen, Wollust, wenn sie ihm gemäß ist« (Schopenhauer, 1859/1986, S. 158).

Gerade die Erwähnung des umgekehrten Prozesses in der Erläuterung der Funktionsweise des Willens macht die Sicht frei auf Schopenhauers Verständnis von der Steuerung menschlichen Handelns. Es wohl unstrittig, dass die Vernunft keinen Einfluss auf die Auslösung von Schmerz hat, wenn sich dieser durch eine entsprechende Einwirkung auf den individuellen Körper einstellt. Und das gilt nach Schopenhauer eben auch umgekehrt, also beim Auslösen und der Ausführung einer menschlichen Handlung.

Dem Physiologen ist das auch völlig einsichtig, denn selbst die Steuerung eines so trivialen körperlichen Vorgangs wie dem Anheben einer Kaffeetasse stellt sich im Detail als unüberschaubar komplex dar. Zur Verdeutlichung sei hier nur der Koordinierungsaufwand erläutert, den der menschliche Körper für das Heben einer Tasse treiben muss. Es beginnt mit dem Zwischenspiel zwischen Hand und Auge beim Ansteuern der Tasse. Dabei wird die Hand durch einen äußerst vielfältigen Muskelapparat in die entsprechende Position zum Zufassen bugsiert. Die Choreographie dafür erfordert das harmonische Zusammenspiel von mehr als hundert Muskeln, die zeit- und punktgenau ihre Signale einschließlich der Impulsstärke empfangen müssen. Dabei gibt es ständiges Korrekturspiel zwischen Hand und Auge, damit die Hand die Tasse nicht umstößt. Im Nahbereich kommt dann noch die Abstimmung mit dem Tastsinn der Fingerspitzen hinzu, damit der Griff ohne Schaden für Tasse und Hand erfolgen kann. Nach dem Ergreifen übernimmt der Tastsinn die Koordinierung mit der Muskelsteuerung, damit gerade so viel Druck auf die Tassenwände ausgeübt wird, wie für das Heben erforderlich, ohne dass die Tasse aus der Hand kippt, herausrutscht oder zerdrückt wird.

Wenn zur Steuerung dieses Vorgangs jeder Befehl an jeden der beteiligten Muskeln oder Sinne *bewusst* geleitet würde, das heißt für jeden Steuerungsimpuls eine bewusste Entscheidung zu erfolgen hätte, wäre die handelnde Person verdurstet, bevor die Tasse auch nur in Mundnähe gekommen ist.

Dieses Dilemma zwischen dem Wissen über das Steuern eines komplexen Prozesses und dem Können bei dessen Ausführung kennt auch Schopenhauer bereits. Er verweist in seiner Abgrenzung von Verstand (Ergebnis: anschauliche Erkenntnis) zur Vernunft (Ergebnis: abstrakte Erkenntnis) in § 12 auf eine entsprechende Beobachtung hin und führt aus: »Merkwürdig ist es aber, daß bei jener erstern Art von Tätigkeit, wo einer allein in einer ununterbrochenen Handlung etwas ausführen soll, das Wissen, die Anwendung der Vernunft, die Reflexion ihm sogar oft hinderlich sein kann, z. B. eben beim Billardspielen, beim Fechten, beim Stimmen eines Instruments, beim Singen: hier muss die anschauliche Erkenntnis die Tätigkeit unmittelbar leiten: das Durchgehen durch die Reflexion macht sie unsicher, indem es die Aufmerksamkeit teilt und den Menschen verwirrt« (Schopenhauer, 1859/1986, S. 101).

Das heißt mit anderen Worten, dass es einen in sich geschlossenen Steuerungskreislauf gibt, von der Affektion der Sinne über die Entschlüsselung, Anreicherung und Korrektur in der reinen Sinnlichkeit und im Verstand bis zur Ausführung einer Körperreaktion, also einer Objektivation des Willens, und dies in mehrfachem Durchlauf völlig ohne Beteiligung der praktischen Vernunft und damit rein auf Basis der anschaulichen Erkenntnis.

Nun geht Schopenhauer, wie wir gesehen haben, selbst von der Existenz einer praktischen Vernunft aus und damit von einem Einfluss der Vernunft auf menschliches Handeln, ja er konzediert sogar, dass menschliches Handeln von dieser praktischen Vernunft *geleitet* werden kann.

Erste Hinweise zur Klärung dieses vermeintlichen Widerspruchs gibt Schopenhauer in § 20, in dem er den Begriff des Motivs in dieses Werk einführt. Er erläutert zunächst noch einmal die Tatsache, dass der Leib sich außer durch seine Erscheinung auch noch durch die willkürlichen Bewegungen äußert, sichtbare einzelne Akte des Willens, die sich für das ausführende Subjekt als Objektivation des Willens bemerkbar machen. Darüber hinaus sind diese Leibesäußerungen auch beobachtbar, also Elemente unserer Vorstellung. Letzteres führt wiederum dazu, dass sie eine individuelle Form (in Raum und Zeit) haben. Der Wille, selbst nicht Gegenstand des Satzes vom Grunde und auch außerhalb von Raum und Zeit und damit ohne Vielheit, ist Verursacher der Leibesäußerung, nicht ihr Gestalter. Die Gestalt wird vom Motiv bestimmt. Schopenhauer beschreibt das folgendermaßen: »Diese Akte des Willens haben aber immer noch einen Grund außer sich, in den Motiven. Jedoch bestimmen diese nie mehr als das, was ich zu *dieser* Zeit, an *diesem* Ort, unter *diesen* Umständen will; nicht aber *daß* ich überhaupt will, noch *was* ich überhaupt will, d. h. die Maxime, welche mein gesamtes Wollen charakterisiert. Daher ist mein Wollen nicht seinem ganzen Wesen nach aus den Motiven zu erklären; sondern diese bestimmen bloß seine Äußerung im gegebenen Zeitpunkt, sind bloß der Anlaß, bei dem sich mein Wille zeigt: dieser selbst hingegen liegt außerhalb des Gebietes des Gesetzes der Motivation: nur seine Erscheinung in jedem Zeitpunkt ist durch diese notwendig bestimmt. Lediglich unter Voraussetzung meines empirischen Charakters ist das Motiv hinreichender Erklärungsgrund meines Handelns: abstrahiere ich aber von meinem Charakter und frage dann, warum ich überhaupt dieses und nicht jenes will; so ist keine Antwort darauf möglich, weil eben nur die *Erscheinung* des Willens dem Satz vom Grunde unterworfen ist, nicht aber er selbst, der insofern *grundlos* zu nennen ist« (Schopenhauer, 1859/1986, S. 165 f.).

An dieser Stelle klärt sich das Zusammenspiel zwischen Bauch und Kopf auf. Auslöser einer Handlung ist eine Wahrnehmung, die von reiner Sinnlichkeit und Verstand entschlüsselt und damit zur anschaulichen Erkenntnis wird. Diese bildet die Tatumstände, die auf den Charakter des wahrnehmenden Individuums treffen. Der Charakter eines Individuums legt das Motiv fest, welches unter den wahrgenommenen Tatumständen von ihm verfolgt wird. Damit sind die Rollen zwischen Kopf und Bauch einigermaßen klar verteilt:

Auslöser und Motor der Handlung ist der Wille und unterliegt damit auch nicht der Vernunft, genauso wenig wie die Wahrnehmungsverarbeitung des Verstandes. Einziger Reflexionsgegenstand sind die Tatumstände, die Vernunft verschiedenen Handlungsalternativen gegenüberstellen kann, um die sich daraus ergebenden möglichen Ergebnisszenarien zu simulieren (durchzuspielen) und mit dem Motiv abzugleichen, das der Charakter den Tatumständen zuordnet. Allerdings nur, wenn die wahrgenommenen Tatumstände dies zulassen. In Notsituationen entfällt diese Prüfschleife und die Handlung basiert vollständig auf der anschaulichen Erkenntnis und der Auswahl, die aufgrund des individuellen Charakters aus dem vorhandenen Handlungsrepertoire getroffen wird, also aus dem Bauch.

Literatur

Kant, I. (1787/1974). Kritik der reinen Vernunft. Hrsg. von W. Weischedl. Frankfurt a. M.: Suhrkamp.

Libet, B. (1999). Do we have a free will? Journal of Consciousness Studies 6, 8–9: 47–57.

Schopenhauer, A. (1847/1986). Über die vierfache Wurzel des Satzes vom zureichenden Grunde. In A. Schopenhauer: Sämtliche Werke, 3 (5). Hrsg. von W. Frhr. von Löhneysen. Frankfurt a. M.: Suhrkamp.

Schopenhauer, A. (1859/1986). Die Welt als Wille und Vorstellung. In A. Schopenhauer, Sämtliche Werke, 1 u. 2 (5). Hrsg. von W. Frhr. von Löhneysen. Frankfurt a. M.: Suhrkamp.

Katharina Trabel

Sollte die Ethik den Philosophen aus den Händen genommen werden?

Edward O. Wilson forderte bereits vor drei Jahrzehnten, dass es »an der Zeit ist, die Ethik vorübergehend den Philosophen aus den Händen zu nehmen und zu biologisieren« (Wilson, zit. nach de Waal, 2008, S. 200). Und damit hatte er wahrscheinlich Recht. Seit langem weigert sich die Philosophie, Erkenntnisse der Biologie, Physik oder Hirnforschung in ihre Überlegungen mit aufzunehmen. Wieso fällt es Philosophen nach wie vor so schwer, naturwissenschaftliche Erkenntnisse in ihre Forschungen mit einzuschließen? Wieso haben Philosophen noch immer große Angst davor, dass »technizistische Verständnisse des Menschen« zu einer »Kolonialisierung unserer Lebenswelt« (Kambartel, 1993; vgl. auch den Beitrag von Michel Friedman in diesem Band) führen könnten? Im Folgenden soll dieser Widerstand überwunden werden. Frans de Waal, Primatenforscher, setzt sich dafür ein, dass wir uns unsere nächsten Verwandten, die Menschenaffen, genauer beobachten sollten, wenn wir über die Ethik beim Menschen etwas aussagen wollen.

Gibt es eine Evolution der Moral?

De Waal richtet sich gegen alle »Fassadentheoretiker«. Diesen Denkern ist die Annahme gemeinsam, dass es in der Entwicklung des Menschen einen gravierenden qualitativen Sprung zwischen Natur- und Kulturzustand gegeben habe. Berühmtester Vertreter der Fassadentheorie ist wohl Thomas Hobbes. »*Homo homini lupus* – der Mensch ist dem Menschen ein Wolf« (Hobbes, zit. nach de Waal, 2008, S. 21). Nach dieser Vorstellung ist der Mensch im

Urzustand ein Bestie. Nur durch den Staat, durch das Schließen eines Gesellschaftsvertrages, werden seine grausamen Naturtriebe gebändigt, und er kann in einer sozialen, moralischen Gesellschaft friedlich leben. Die Natur des Menschen sei grundsätzlich egoistisch und amoralisch und nur durch eine übergeordnete Instanz, den Staat, die Kultur, zu zähmen.

Gegen solche Annahmen richtet sich Frans de Waal. Denn: »Erstens tut es den Kaniden unrecht, die zu den geselligsten und kooperativsten Tieren unseres Planeten zählen [...]. Zweitens, und das ist noch schlimmer, stellt es das unserer eigenen Spezies mitgegebene soziale Wesen in Abrede« (Schleidt u. Schalter, 2003, zit. nach de Waal, 2008, S. 21). »Warum sollte gerade unsere Gemeinheit das Gepäck der äffischen Vergangenheit sein und unsere Freundlichkeit einzigartig menschlich? Warum sollten wir nicht auch bei unseren ›edlen‹ Zügen nach einer Kontinuität mit anderen Tieren suchen?« (Gould, 1980, zit. nach de Waal, 2008, S. 21).

Vor diesem Hintergrund kann man sich also durchaus fragen, ob die Wurzel des ethisch moralischen Handelns wirklich in der menschlichen Vernunft zu suchen ist oder ob Ethik und Moral vielmehr einen tiefer sitzenden und älteren Ursprung haben. Gibt es eine Evolution der Moral? Und was bedeutet es vor diesem Hintergrund, moralisch zu handeln?

Biologen und Mediziner beziehen diesbezüglich eine klare Position: »Wir feiern die Rationalität. Und dies, obwohl die psychologische Forschung nahelegt, dass menschliches Verhalten zuallererst aus schnellen automatisierten emotionalen Einschätzungen herrührt und nur in zweiter Linie aus langsameren Bewusstseinsvorgängen« (z. B. Zanjoc, 1980, 1984, Barck u. Chartrand, 1999, zit. nach de Waal, S. 24, vgl. dazu auch: Damasio, 2003). Fügt sich Ethik dadurch in die oben vorgestellten Theorien der Bauchentscheidung ein? Können wir überhaupt noch von Ethik sowie von guten und schlechten Handlungen sprechen, wenn ethisches Handeln nicht mehr dadurch gekennzeichnet ist, dass wir uns bewusst und frei für oder gegen eine Handlung entscheiden? Ist Ethik als solche evolutionär tief in uns verankert oder, wie Huxley behauptet, der »Sieg über einen ungebärdigen und unschönen evolutionären Prozess?« (Huxley 1894, zit. nach de Waal, 2008, S. 25).

Huxley, ansonsten ein glühender Anhänger Darwins, widerspricht diesem hier, der 1871 in »Die Abstammung des Menschen« erklärt, dass »die Moralität gleichermaßen unmissverständlich zu einem Teil des menschlichen Wesens« (Darwin, 1871, zit. nach de Waal, 2008 S. 26) gehört. Darin widerspricht Darwin der Auffassung der Fassadentheoretiker. Er widerspricht der Auffassung, dass der Mensch einen Bruch mit der Natur begehen müsse, dass dies sogar die Einzigartigkeit des Menschen ausmache. Um zu einem moralischen Wesen zu werden, soll dies alles nötig sein.

Diese Überzeugung zieht sich durch die ganze abendländischen Kulturgeschichte. Selbst Freuds Kulturkritik vertritt diese Auffassung. Er behauptet, dass »Zivilisation [...] aus der Leugnung des Instinkts [...], aus der Beherrschung der Naturkräfte, aus dem Aufbau eines kulturellen Überichs« (Freud, 1930, zit. nach de Waal, 2008 S. 27) entsteht. Auch Dawkins kommt in seinem vielbeachteten Buch »Das egoistische Gen« von 1976 über diesen Standpunkt nicht hinaus: »Wir allein – einzig und allein wir auf der Erde – können uns gegen die Tyrannei der egoistischen Replikatoren auflehnen« (Dawkins, 1976, S. 237, zit. nach de Waal, 2008, S. 27).

In gleicher Weise wie Kambartel Angst vor einer technizistischen Kolonialisierung der abendländischen Auffassung von Moral und Ethik äußert, spricht wohl auch aus Roes und Dawkins die Angst vor dem Verlust ihres Menschenbildes, wenn sie behaupten, »dass wir in unserem politischen und sozialen Leben das Recht haben, den Darwinismus zu verabschieden, zu sagen, wir wollen in keiner darwinistischen Welt leben« (Roes, 1997, S. 3; auch Dawkins 2003, zit. nach Frans de Waal, 2008, S. 28).

Ob wir in einer darwinistischen Welt leben wollen oder nicht, hängt wohl von dem jeweiligen Menschen ab; dass wir in einer darwinistischen Welt leben, ist wohl kaum noch zu bezweifeln. »Es gab nie irgendein Chaos«, lautet die Auskunft des Biologen. Dass wir in einem »rücksichtslosen, chaotischen Naturzustand« unseren Ursprung haben und dass wir ihm entkamen, »indem wir uns auf Regeln einigten und die Durchsetzung dieser Regeln an eine höhere Autorität delegierten«, dient laut de Waal meist dazu, das »Regieren von oben nach unten« zu rechtfertigen (de Waal, 2009, S. 117).

Diese dualistische Sicht, die Unterscheidung von Natur und Kultur, ist das, was nach Frans de Waal nicht länger aufrechtzuerhalten ist. Haben wir uns vom amoralischen Tier zum moralischen Menschen entwickelt oder, wie de Waal deutlich machen will, vom sozialen Tier zum moralischen Tier? Für erstere Position gibt es keinerlei empirische Beweise, für die zweite sprechen jedoch die neueren Erkenntnisse der Hirnforschung. Diese zeigen, dass bei moralischen Entscheidungen auch entwicklungsgeschichtlich sehr alte Hirnareale aktiviert werden. Denn implizite Erinnerungen, das lange Gedächtnis der Erfahrungen im sozialen Kontext, werden im Kleinhirn, einem der ältesten Hirnareale, gespeichert (vgl. Kandel, 2006, S. 148). Ebenso sprechen Erkenntnisse der Psychologie dafür, dass menschliche Moralität ebenso eine emotionale wie auch eine intuitive Grundlage hat. Moral mangelt es offenbar grundsätzlich an Bewusstheit (vgl. Gigerenzer, 2007, S. 198).

Gründliche Beobachtung unserer nächsten Verwandten, den Menschenaffen, zeigen ebenso, aber aus anderer Sicht, dass Ethik und Moral weniger durch das Studium der Philosophie als das Studium der Biologie verstanden werden können. Vielleicht ist es wirklich an der Zeit, die Ethik vorübergehend den Philosophen aus den Händen zu nehmen. Ist Ethik evolutionär begründbar?

»Die Evolution begünstigt Tiere, die einander helfen, wenn der dadurch gezogene Nutzen langfristig größer ist als der kurzfristige Vorteil, wenn sie allein und in Konkurrenz zueinander agieren« (de Waal, 2008, S. 31). Wenn wir uns dieses einfache Prinzip vor Augen halten, ist es doch höchst verwunderlich, dass sich das Vorurteil des »egoistischen Menschen« so hartnäckig in der Literatur hält. Natürlich ist der Evolutionsprozess zunächst egoistisch, doch ein egoistischer Prozess fördert noch keine egoistischen Wesen zutage; auch Gene sind altruistisch. Die Biologie unterstreicht den aristotelischen Gedanken vom Menschen als einem *zoon politicon*. Keiner von uns wäre auch nur kurze Zeit fähig, allein zu überleben. In allen Geschichten à la Robinson Crusoe, in denen Menschen allein oder in kleinen Gruppen auf einsamen Inseln plötzlich auf sich selbst gestellt sind, brauchen sie immer angeschwemmte Schiffe oder abgestürzte Flugzeuge, angefüllt mit Waren und Werkzeugen der Zivilisation, um zu überleben. Allein geht's also doch nicht. Der Mensch ist keine Insel, er braucht immer eine Gemeinschaft, ohne die er nicht überleben kann – nicht nur in materieller Hinsicht. Erfahrungen wie des Kaspar Hauser zeigen, dass wir ohne soziale Kontakte nicht überlebensfähig sind. Nach der Todesstrafe ist die Einzelhaft die schlimmste Strafform.

Wieso haben also so viele Menschen so große Angst davor, die Menschen würden ihre Moral verlieren, wenn sie uns doch offenbar in den Genen verankert ist? Frans de Waal kann zeigen, dass Moral so tief in uns steckt, ja, dass wir nicht einmal die einzigen Wesen auf der Erde sind, die moralisch empfinden, dass wir nicht anders können, als moralisch zu werten und zu handeln. »Es scheint mir in hohem Grade wahrscheinlich zu sein, dass jedwedes Tier mit wohlausgebildeten sozialen Instinkten (Eltern- und Kindesliebe eingeschlossen) unausbleiblich ein moralisches Gefühl oder Gewissen erlangen würde, sobald sich seine intellektuellen Kräfte so weit oder nahezu so weit wie beim Menschen entwickelt hätten« (Darwin, 1871, zit. nach de Waal, 2008, S. 32). Der Intellekt schließt sich der Moral an und kann nicht als eine notwendige Voraussetzung für moralisches Verhalten angesehen werden.

Beobachtungen bei den Primaten

Biologen können diese These beweisen, indem sie altruistisches Verhalten bei Tieren dadurch hervorlocken, das über die bloße Eltern- und Kindesliebe beziehungsweise die Liebe zur eigenen Gruppe oder Art hinausgeht. Solche Untersuchungen belegt Frans de Waal in seiner Arbeit mit Menschenaffen. Es gibt vier Arten von Menschenaffen: Orang Utans, über die aber kaum Forschungsergebnisse vorliegen, Gorillas, Schimpansen und Bonobos. Gorillas eignen sich wenig, wenn man ihr Sozialverhalten mit dem der Menschen vergleichen will. Denn das ist schon allein durch den Größenunterschied zwischen Männchen und Weibchen zu erklären. Ein einziges dominantes Männchen schart einen Harem von Weibchen mit deren Kindern um sich und kann sich paaren. Ein Umstand, den einige Männchen unserer Spezies wohl für sehr verlockend halten, der aber keineswegs unserer Realität entspricht. Ausnahmen bestätigen bekanntermaßen die Regel, und so wurde festgestellt, dass acht Prozent der männlichen Asiaten auf einen gemeinsamen Vorfahr zurückblicken. Angenommen wird, dass Dschingis Khan dieser »Urvater« der Asiaten ist.

Die wohl am gründlichsten erforschten Menschenaffen sind die Schimpansen, eine alles andere als friedliebende Art, die unser Bild vom »Killeraffen« geprägt hat. Schimpansen morden, führen Krieg, intrigieren und sind auch sonst recht brutale Wesen. So schreibt Jane Goodall, eine der berühmtesten Primatenforscherinnen: »Wenn Schimpansen Schusswaffen und Messer hätten und wüssten, wie man damit umgeht, würden sie ohne jeden Zweifel ebenso davon Gebrauch machen wie wir Menschen« (Goodall, zit. nach de Waal, 2009, S. 177). Schimpansen sind brutale Zeitgenossen. »In höchst koordinierter Weise töten Schimpansenmänner gemeinsam einzelne Individuen einer anderen Gemeinschaft – sie legen sich auf die Lauer, stellen ihr Opfer und überwältigen es blitzartig, wobei es dermaßen geschlagen und gebissen wird, daß es entweder auf der Stelle stirbt oder keine Chance zum Überleben hat« (de Waal, 2009, S. 184).

In einer Gegend in den Mahale-Bergen beobachteten Forscher, dass in einer Gruppe von Schimpansen in einem Zeitraum von zwölf Jahren nach und nach alle Männchen verschwanden. Sie wurden von den Männchen der Nachbargruppe systematisch eliminiert. Später übernahmen diese Männchen dann das Territorium der alten Gruppe inklusive aller Weibchen (vgl. dazu, de Waal, S. 184 f.). Schimpansen sind fremdenfeindlich, und nicht nur das. »Da die Territorien von Schimpansengemeinschaften so groß sind, lassen sich gewalttätige Auseinandersetzungen nur selten beobachten. Die wenigen bezeugten Fälle lassen aber kaum Zweifel daran, daß wir es dabei mit zielgerichtetem, vorsätzlichen Töten zu tun haben – anders ausgedrückt: mit ›Mord‹« (de Waal, 2009, S. 185).

Zwischen Schimpansen und uns lassen sich tragische Parallelen ziehen. »Regelmäßig *entmenschlichen* wir unsere Feinde – wie Schimpansen behandeln wir sie, als gehörten sie einer minderwertigen Spezies als der unseren an« (de Waal, 2009, S. 186). Aber auch in unserer Geschichte treten unzählige erschreckende Beispiele auf; wie Gefangene in Abu Ghraib behandelt wurden, ist nur eines von ihnen.

Das Bild der Schimpansen lässt uns nicht besonders freundlich auf unsere eigene Natur blicken, aber es gibt ja noch die Bonobos, eine der am letzten entdeckten großen Säugetierarten und einer unser nächsten Verwandten. »Nach Bonobomaßstäben sind Schimpansen wilde, ungezähmte Bestien […]: Der Bonobo ist ein ungemein empfindsames, zartes Geschöpf, weit entfernt von der dämonischen Urkraft des erwachsenen Schimpansen« (de Waal, 2009, S. 46).

Über Bonobos, der Name stammt vermutlich von einem Schreibfehler einer Versandkiste aus Bolobo ab, ist in der Öffentlichkeit kaum etwas bekannt, außer dass sie die ganze Zeit über Sex haben. De Waal bezeichnet sie nicht ohne Grund als »Kamasutra-Primaten« (de Waal, 2009, S. 121). Die sexuellen Libertins des Primatenreichs treiben es wirklich wild. Männer mit Frauen, Frauen mit Frauen, Männer mit Männern, mit Jungtieren, mit sich selbst. Sie treiben es in allen möglichen Stellungen, nicht nur in der Missionarsstellung, die lange Zeit als spezifisch menschlich galt, sondern sogar das ganze Kamasutra rauf und runter und noch einige andere Stellungen, die uns Menschen nicht einmal im Traum einfallen würden (vgl. de Waal, 2009, S. 129 ff.). Bonobos kennen sogar den Zungenkuss.

Erstaunlich dabei ist, wie Frans de Waal schätzt, dass nur ein Drittel der sexuellen Vereinigungen überhaupt mit Reproduktion zu tun haben. Der Umstand, dass Bonobos nicht nur Sex haben, um sich fortzupflanzen, stellt unser Bild, dass Tiere nur der Fortpflanzung wegen Sex haben und der Mensch die einzige Spezies ist, die es auch zum eigenen Vergnügen tut, natürlicherweise auf den Kopf.

Wieso haben sie eigentlich so viel Sex? Die Frage mag komisch klingen, hat aber einen durchaus ernsten Hintergrund. Wieso männliche Tiere soviel wie möglich Sex haben, ist sehr einfach zu beantworten. Da ihnen eine fast unbegrenzte Anzahl von Spermien zu Verfügung steht, ist ihr einziges Ziel, diese so weit und so viel wie möglich zu verbreiten. Nach dem Sex verziehen sie sich meistens und überlassen den Rest den Frauen. Bei weiblichen Tieren ist das ganz anders. Während die Männchen »allzeit bereit« sind, haben die meisten Weibchen nur dann Sex, wenn es sich auch lohnt, also während ihrer fruchtbaren Tage. Bei Bonobos gilt dies nicht. Während Schimpansinnen nur in ungefähr fünf Prozent ihres Lebens »geschwollen«, dem Sex nicht abgeneigt sind, haben Bonobofrauen zu 50 Prozent Genitalschwellungen, auch während einer Schwangerschaft oder der Laktation (vgl. dazu de Waal, 2009, S. 143). Und das ist genau der Trick der Bonobofrauen: »Da bei den Bonobos Sex und Genitalschwellungen größtenteils von der Fruchtbarkeit abgekoppelt sind, müßte ein Bonobomann schon ein Einstein sein, um herauszufinden, welche Nachkommen er vielleicht gezeugt hat« (de Waal, 2009, S. 143).

Da Bonobomänner mit allen möglichen Partnerin Sex haben, können sie niemals sagen, welche Kinder von ihnen sind und welche nicht. Bei vielen Spezies ist es durchaus sinnvoll, wenn das Männchen weiß, welche Nachkommen von ihm sind. Vielerorts kümmern sich Männchen mit um die Brutpflege und fördern so die Weitergabe ihrer Gene. Wieso wollen Bonobofrauen das nicht? Die Antwort ist einfach: Kindsmord! Bei vielen Spezies, u. a. Schimpansen und Gorillas, ist der Kindsmord eine der häufigsten Todesursachen bei Jungtieren. Aber auch beim Menschen kommt er vor (Herodes und beispielsweise auch ägyptische Pharaonen ließen alle männliche Nachkommen ihrer Vorgänger töten). Übernimmt ein neues Männchen die Gruppe, vertreibt es nicht nur den Vorgänger, sondern tötet auch dessen Nachkommen, etwa bei Löwen oder Languren. Übernimmt ein Löwe einen neuen Harem, so kann er sich sicher sein, dass keines der Jungtiere sein Nachkomme ist. Damit er seine eigenen Gene möglichst schnell verbreiten kann, tötet er die Jungen und zwingt so die Weibchen, schnell wieder fruchtbar zu werden. Die Weibchen, meist kleiner und schwächer, haben den Männchen allein nichts entgegenzusetzen. Sie müssen entweder mit anderen Weibchen zusammenarbeiten oder, wie in der Bonobogesellschaft, die Umgebung und sich selbst im Unklaren über die Herkunft ihrer Nachkommen lassen. »Anders ausgedrückt: sich durch die Betten schlafen, zahlt sich aus« (de Waal, 2009, S. 146).

Diese Theorie klärt aber noch nicht gänzlich, wieso der Sex der Bonobos so vielfältig ist. Welche Vorteile ziehen sie daraus, wenn sie Sex mit dem eigenen Geschlecht oder sich selbst haben? De Waal vertritt die These »daß die Evolution die Bonobos zu sexuellen Partygängern machte und dann der Sex einfach auf andere Bereiche überschwappte, beispielsweise Konfliktlösung« (de Waal, 2009, S. 148). »Das Bezeichnendste am Sex der Bonobos ist, wie ausgesprochen beiläufig er vollzogen wird und wie gut er ins Sozialleben integriert ist« (de Waal, 2009, S. 141).

Ein weiterer Grund für das promiskuitive Leben der Bonobos könnte das Hormon Oxytocin sein. Oxytocin hemmt u.a. auch die Aggressivität. »Noch interessanter ist, daß die Synthese dieses Hormons im männlichen Gehirn nach sexueller Aktivität einen Spitzenwert erreicht. Anders ausgedrückt: Sex produziert ein Schmuse-Hormon, das seinerseits zu Friedfertigkeit führt. Biologisch könnte das erklären, warum menschliche Gesellschaften mit viel körperlicher Liebe und hoher sexueller Toleranz im allgemeinen weniger gewalttätig sind« (de Waal, 2009, S. 148 f.). Wahrscheinlich hatten die Hippies mit ihrer Forderung »make love, not war« mehr Recht, als ihnen bewusst war. Heute schon gebonobot?

Unter Forschern ist schon seit geraumer Zeit ein Streit entfacht, welche Spezies nun unsere nächsten Verwandten sind: die Schimpansen oder die Bonobos? Zu erwähnen ist hier, dass Schimpansenforscher zumeist für Schimpansen plädieren, ebenso wie Bonoboforscher für Bonobos. Frans de Waal schlägt sich auf keine dieser Seiten, zu wenig ist noch über beide Spezies bekannt, und es gibt noch zu wenig Fossilienfunde, um die Frage zum jetzigen Zeitpunkt zu klären. Seine Arbeitshypothese schlägt deswegen vor, beide Spezies als Beispiel für die zweischneidige Natur des Menschen zu nehmen. »Entweder behaupten wir, die ›Krone der Schöpfung‹ zu sein, oder wir stellen uns selbst als die einzig wahren Bösewichte dar. Warum können wir nicht akzeptieren, dass wir beides sind? Diese zwei Aspekte unserer Spezies entsprechen den Eigenarten unserer nächsten lebenden Verwandten. Der Schimpanse verkörpert die gewalttätige Seite der menschlichen Natur so gut, daß nur wenige Wissenschaftler überhaupt über die andere Seite schreiben. Wir sind aber auch zutiefst soziale Wesen, die sich aufeinander verlassen und Interaktion mit anderen Menschen regelrecht brauchen« (de Waal, 2009, S. 15). Gleich einem Januskopf repräsentieren die zwei Menschenaffen die grundlegenden Aspekte unserer eigenen Natur.

Können Tiere »gut« oder »böse« sein?

Für Frans de Waals These spricht, dass die Grundlage für Moral und Ethik in der Empathie zu suchen ist. Wenn wir moralisch handeln, müssen wir uns in den anderen hineinversetzen können. Wir müssen eine Ahnung davon haben, was für den Anderen in dem Moment das Gute oder das Schlechte wäre. Wir können jemandem nur etwas Gutes oder Schlechtes tun, wenn wir ein Vorstellung haben, was in ihm vorgeht. Diese Empathie wird Tieren oftmals abgesprochen.

Das starke Gegenargument gegen die Thesen von Frans de Waal ist an dieser Stelle zu nennen: Anthropomorphismus. Wie die folgenden Beispiele zeigen, sind die Beobachtungen, die de Waal und seine Mitstreiter machen, Interpretationssache. Können wir Kuni wirklich altruistisches Verhalten und den jungen Schimpansen wirklich Grausamkeit unterstellen? Der Anthropomorphismusstreit hat eine lange Geschichte. Inwieweit ich Tieren menschliche Eigenschaften zuschreiben kann, ist eine sehr heikle Angelegenheit. Umgangssprachlich wird oft vom »mitleidslosen Töten« von Jungtieren durch nicht verwandte Männchen, den »treudoofen« Augen von Hunden, den »hinterlistigen« Katzen und Ähnlichem gesprochen. Das ist natürlich unsinnig. Falsch wäre es jedoch, laut de Waal, diesen Anthropomorphismus gänzlich zu verwerfen, wenn wir die Handlungen von Tieren beurteilen wollen. »Es ist klar, dass Tiere keine Menschen sind, genauso klar ist aber, dass Menschen Tiere sind. Der Widerstand gegen diese schlichte und nicht abzuleugnende Tatsache liegt auch dem Widerstand gegen den Anthropomorphismus zugrunde. Ich habe diesen Widerstand als Anthroponegation bezeichnet, als A-priori-Zurückweisung, dass Tiere und Menschen gemeinsame Charakteristika besitzen. Anthroponegation ist gekennzeichnet von absichtlicher Blindheit gegenüber menschenähnlichen Charakteristika bei Tieren sowie tierähnlichen Charakteristika bei uns selbst« (de Waal, 2008, S. 84f.).

Auch im täglichen Umgang und Beobachten von anderen Menschen unterstellen wir ständig, dass der Andere uns ähnliche Gefühle hat und aus uns ähnlichen Gründen handelt. Diese Ansicht ist nichts Neues. Schon David Hume fordert in seinem Buch »Ein

Traktat über die menschliche Natur« eine artenübergreifende, einheitliche Interpretation: »Aus der Ähnlichkeit der äußeren Handlungen der Tiere und derjenigen, die wir selbst ausführen, schließen wir, dass auch ihre inneren Handlungen den unseren gleichen; und wenn wir nach demselben Prinzip noch einen Schritt weitergehen, so sehen wir uns genötigt zu schließen, dass, da ihre inneren Handlungen den unsrigen gleichen, die Ursachen, aus denen beide entspringen, gleichfalls übereinstimmen müssen. Wenn also irgendeine Hypothese aufgestellt wird, die zur Erklärung einer den Menschen und Tieren gemeinsamen geistigen Tätigkeit dienen soll, so müssen wir zusehen, ob dieselbe Hypothese auf beide, die Tiere und die Menschen, in gleicher Weise anwendbar ist« (Hume, 1793, zit. nach de Waal, 2008, S. 85).

Anthropomorphismus ist also nur für diejenigen ein Problem, die sich auf den grundsätzlichen, qualitativen Unterschied zwischen Mensch und Tier berufen. Für diejenigen, die weniger Probleme haben, eine evolutionäre Sichtweise zu vertreten, ist der Anthropomorphismus, als Arbeitshypothese betrachtet, ein berechtigter Ansatz, um das Verhalten von Tieren zu beschreiben. Vertritt man dogmatische Ansätze wie »der Mensch als Krone der Schöpfung«, dann stellt der Anthropomorphismus natürlich ein großes Problem dar. »Letztendlich müssen wir also fragen: Welches Risiko wollen wir eingehen? Das, das geistige Leben von Tieren zu unterschätzen, oder das, es überzubewerten?« (de Waal, 2008, S. 87). Im Folgenden überlasse ich die Interpretation der Beispiele dem Leser.

In einem Beispiel geht es um Altruismus, also den Verzicht auf einen eigenen Vorteil zugunsten Anderer. Altruismus, so de Waal, ist immer ein Luxus, eine Frage der Ressourcen. Zuallererst ist Altruismus auf die eigene Familie, den eigenen Clan, die eigenen Nachkommen gerichtet. Eltern opfern sich für das Leben ihrer Kinder auf, Mütter setzen ihr eigenes Leben aufs Spiel, um ihre Kinder zu retten, die Beispiele aus dem Tierreich lassen sich beliebig erweitern. Wenn unser Überleben sowie das unserer Familie gesichert ist, können wir uns dem Überleben unserer Gemeinschaft, unseres Stammes, unserer Nation widmen. Wenn ich gut dastehe, kann ich auch Geld nach Haitii spenden. Kaum jemand würde Geld spenden, wenn die eigene Familie am Hungertuch nagt. Wie großzügig ich sein kann, hängt also von den eigenen Ressourcen ab. So beziehen Menschen in Westeuropa nicht nur ihre eigene Spezies, sondern auch andere Lebensformen in ihre Großzügigkeit ein. Vom Tierschutz bis zur Rettung des Edelweiß ist alles dabei. Unter diesem Aspekt sollten wir kaum Probleme haben, altruistisches Verhalten bei Tieren anzuerkennen.

Es gibt unzählige Beispiele in der Natur, in denen Eltern ihre Kinder oder Artgenossen verteidigen, sich für das Überleben der Gruppe einsetzen. Etwa der Affe, der mit einem Schrei auf den sich anschleichenden Panther aufmerksam macht. Natürlich macht er dadurch erst einmal den Panther auf sich aufmerksam. Dass Tiere sich in gewisser Weise für andere einsetzen, wird also niemand leugnen. Ein entscheidendes Problem tut sich allerdings auf, wenn wir den zweiten Hauptaspekt des Altruismus angehen: die Empathie.

Ich möchte hier zuerst ein konkretes, sehr aufschlussreiches Beispiel anführen. Es geht um eine Bonobofrau namens Kuni. Eines Tages fliegt ein Star gegen die Glasscheibe ihres Geheges. Kuni geht zu dem benommenen Vogel und versucht, ihn auf die Beine zu stellen, der Vogel knickt um. Sie wirft den Vogel in die Luft, er flattert kurz, fällt aber wieder hinunter. Dann nimmt sie den Vogel, klettert auf den höchsten Baum in ihrem Gehege, klammert sich mit den Füßen fest, damit sie beide Hände frei hat, breitet die Flügel des Stars auf und wirft ihn »wie ein kleines Modellflugzeug in die Richtung, die aus dem Gehege hinausführt«. Der Vogel ist allerdings noch zu benommen, um zu fliegen und landet kurz vor dem Wassergraben. Sie geht zu ihm hin, bewacht ihn und schützt ihn auch gegen einen »neugierigen Jungaffen«. Am Ende des Tages hat sich der Vogel von seinem Aufprall erholt und fliegt davon (vgl. de Waal, 2009, S. 10). Ist dies nicht das Paradigma des Altruismus?

Der Mensch ist, wie die Geschichte gezeigt hat, wohl nicht das »guteste« Wesen auf dieser Welt. Aber um sich seiner Einzigartigkeit zu versichern: Ist er wenigstens das einzige »böse«? Wie z. B. der französische Philosoph Ferry formuliert: »Das *radikal* Böse aber, das laut Rousseau bei den Tieren unbekannt ist, das nur bei den Menschen vorkommt, ist anderswo zu suchen: Es besteht in dem Tatbestand, nicht nur einfach ›Böses zu tun‹, *sondern sich das Böse als solches vorzunehmen*, was etwas ganz anderes ist. Die Katze fügt der Maus Böses zu, aber insofern man das überhaupt beurteilen kann, besteht das Motiv ihres natürlichen Jagdtriebs nicht darin. Im Gegensatz dazu weist beim Menschen alles darauf hin, dass er fähig ist, sich bewusst zu organisieren, um seinem Nächsten so viel Böses wie nur möglich zuzufügen. Das übrigens bezeichnet die traditionelle Theologie als *Bosheit, als das eigentlich Dämonische* in uns.

Nun scheint aber dieses Dämonische leider tatsächlich spezifisch menschlich zu sein. Das beweist, dass es in der Tierwelt, im natürlichen Universum also, nichts gibt, was wirklich mit der Folter vergleichbar wäre« (Ferry, 2007, S. 132 f.).

Speziell will der Mensch sein. Wenn schon nicht speziell gut, dann doch einzigartig: böse! Niemand würde einem Hai Bösartigkeit unterstellen, wenn er seine Opfer bei lebendigem Leib verschlingt, oder der Katze, wenn sie mit der Maus »spielt«. Das wäre wirklich zu viel des Anthropomorphismus. Um dem Vorwurf vorzubeugen, ich würde zu viel in Handlungen der jungen Schimpansen interpretieren, möchte ich die folgende Beobachtung wörtlich von de Waal zitieren: »Wie Jungen, die mit Steinen nach Enten auf einem Teich werfen, fügen junge Menschenaffen manchmal anderen aus Spaß Schmerzen zu. Bei einem dieser Spiele lockten jugendliche Schimpansen Küken hinter einem Zaun mit Brotkrumen an. Immer wenn sich die gutgläubigen Küken näherten, schlugen die Schimpansen sie mit einem Stöckchen oder pieksten sie mit einem spitzen Draht. Dieses Tantalus-Spiel, das mitzumachen die Küken dumm genug waren (auch wenn sie es sicher nicht als Spiel empfanden), hatten die Schimpansen erfunden, um ihre Langeweile zu bekämpfen. Sie verfeinerten es soweit, daß einer den Lockvogel spielte und ein anderer den Schläger« (de Waal, 2009, S. 13).

Ist das keine Folter? Die Jungen wussten doch genau, wie sie den Küken Schmerzen zufügen konnten. Ihr Verhalten, ein Fall von Empathie, war mutwillig. Der Katze würden wir nie unterstellen, dass sie weiß, dass sie der Maus in dem Moment weh tut. Können wir Gleiches für die Schimpansenjungen behaupten? Wohl kaum. Menschenaffen können sich sehr gut in andere Lebewesen hineinversetzen. Wie sie diese Empathie gebrauchen, das zeigen uns

Kuni und die Schimpansenjungen, ist unterschiedlich, aber sie haben sie. Ferry schreibt hierzu: »Der Entschluss zum Bösen, Dämonischen scheint in der Tat nichts mit der natürlichen Ordnung zu tun zu haben. [...] Es ist die antinatürliche Neigung, diese konstante Möglichkeit zum Exzess, den Rousseau Freiheit nennt: Er ist das Zeichen, dass wir nicht oder jedenfalls nicht ganz in unser natürliches animalisches Programm eingeschlossen sind, das ansonsten mit dem Tiere vergleichbar ist. *Drei Hauptkonsequenzen der neuen Bestimmung der Unterschiede zwischen Animalität und Humanität: Nur die Menschen sind Träger von Geschichte, gleicher Würde und moralischer Sorge*« (Ferry, 2007, S. 135).

Wenn wir die vorangegangenen Überlegungen miteinbeziehen, kann man den Annahmen Ferrys klar widersprechen. Es gibt keinen qualitativen Sprung vom amoralischen Tier zum moralischen Menschen. Gibt es wenigstens einen quantitativen Unterschied?

Die Ausführungen Frans de Waals legen es nahe, einen Unterschied in quantitativer Hinsicht aus einem dreistufigen Programm zu entwickeln. Auf einer ersten Stufe lasse sich moralisches Verhalten aus den moralischen Gefühlen ableiten, das offenbar bei vielen Lebewesen, insbesondere den Primaten, beobachtet werden kann. Hierunter seien die Fähigkeit zur Empathie, eine Neigung zur Reziprozität, ein Sinn für Fairness und die Fähigkeit, Beziehungen harmonisch zu gestalten, zu verstehen. Auf einer zweiten Stufe begegnen wir der Fähigkeit, sozialen Druck aufzubauen. »Es wird darauf beharrt, dass sich alle auf eine Weise verhalten, die das kooperative Gruppenleben begünstigt. Die Mittel dazu sind Belohnung, Strafe und Reputationsaufbau.« Wenn auch der soziale Druck dort weniger systematisch erzeugt wird, so sind doch die Ansätze klar erkennbar, wie das oben erwähnte Beispiel der Schimpansin Kuni zeigt. Die dritte Stufe, die Fähigkeit zur Beurteilung und Überlegung, »die Internalisierung der Bedürfnisse und Ziele von anderen in einem Maße, dass diese Bedürfnisse und Ziele in unserer Beurteilung von Verhalten auftauchen, darunter auch des Verhaltens anderer, das uns nicht direkt betrifft«, trete schließlich nur beim Menschen in ausgeprägter Form auf. Die Ähnlichkeit des Verhaltens der Menschen zu dem der Primaten bewertet de Waal vorläufig: »Das moralische Urteil ist selbstreflexiv (das heißt, es leitet auch unser Verhalten) und häufig logisch überlegt. Die Bedürfnisse und Ziele anderer mögen bis zu einem gewissen Grad internalisiert sein, aber hier hören die Ähnlichkeiten auf« (de Waal, 2008, S. 187).

Wir Menschen sind also viel weniger »Bürger zweier Welten«, der Natur und der Kultur, als die Moralphilosophen uns glauben machen wollen. Bei menschlichen wie nichtmenschlichen Primaten ist moralisches Verhalten tief verankert und es ist wohl kaum zu befürchten, dass wir in Zukunft weniger moralisch handeln werden oder unsere Moral ganz verlieren. Zu tief steckt sie in uns. Wenn Philosophen von Moral und Ethik sprechen, dann ist das so, als würden sie, wenn sie von einem Turm sprechen, nur dessen Spitze beschreiben und alles andere vernachlässigen. Ist es also wirklich Zeit, wenn wir ein ganzheitliches Bild von menschlichem Verhalten gewinnen wollen, »die Ethik den Philosophen aus den Händen zu nehmen«? Nun zumindest sollte die Philosophie ihre Scheu vor naturwissenschaftlichen Erkenntnissen ablegen und vielmehr versuchen, diese in ihre Theorien mit aufzunehmen.

Literatur

Damasio, A. (2003). Der Spinoza-Effekt. Wie Gefühle unser Leben bestimmen. München: Schroeder.

Ferry, L. (2007). Leben lernen. Eine philosophische Gebrauchsanweisung. München: dtv.

Gigerenzer, G. (2007). Bauchentscheidungen. Die Intelligenz des Unbewussten und die Macht der Intuition. München: Bertelsmann.

Kambartel, F. (1993). Kann es gehirnphysiologische Ursachen unseres Handelns geben? In A. Elepfandt, G. Wolters (Hrsg.), Interdisziplinäre Perspektiven zum Thema Gehirn und Geist (S. 215–227). Konstanz: Universitätsverlag.

Kandel, E. (2006). Auf der Suche nach dem Gedächtnis. Die Entstehung einer neuen Wissenschaft des Geistes. München: Goldmann.

de Waal, F. (2009). Der Affe in uns. Warum wir sind, wie wir sind. München: dtv.

de Waal, F. (2008). Primaten und Philosophen. Wie die Evolution die Moral hervorbrachte. Hrsg. u. eingeleitet von S. Macedo und J. Ober. München: Hanser.

Karl Georg Zinn

Auf der Grundlage der Natur über die Natur hinaus?

Was der Mensch denken kann, basiert auf seinem Wissen und Erfahrungsgedächtnis im weitesten Sinn, aber er produziert Vorstellungen, die dank Fantasie, Kreativität und dergleichen über den vorhandenen Materialbestand des Gedächtnis hinausgehen (können). Das Gehirn ist befähigt, Weltentwürfe zu konstruieren – sozusagen im Konjunktiv zu denken. Damit ergibt sich das Problem, ob die Weltentwürfe, die ja nur in der inneren Vorstellung existieren, auch Entsprechungen zu der »Realität«, also der das Gehirn umgebenden Welt aufweisen.[1] Sind etwa moralische Ideen oder bestimmte als wissenschaftlich deklarierte Theorien – beispielsweise die Wirtschaftstheorie der effizienten Märkte – »realistisch«?

1 In Anlehnung an Kants Erkenntnistheorie wird im Folgenden zwischen *Wirklichkeit* (= Erscheinung), d.h. das Bild bzw. Modell, das im Gehirn von der Welt geschaffen wird, und *Realität* (= Ding an sich) unterschieden (Roth, 2009a, S. 217ff.;1997, S. 358ff.). Wie methodisch vorzugehen ist, um zu ermitteln, ob die Wirklichkeit(svorstellung) der Realität einigermaßen entspricht, ist an dieser Stelle nicht zu erörtern. Es sei nur darauf hingewiesen, dass die Prognosetüchtigkeit von »Weltmodellen« (Theorien) ein äußerst brauchbares Kriterium zur Beurteilung der empirischen Relevanz von Wirklichkeitsvorstellungen darstellt.

Kulturelle Entwicklung im Rahmen evolutionsbiologischer Dispositionen

Ohne Zweifel besteht die Möglichkeit, in der Vorstellung Weltentwürfe zu kreieren, die vom Subjekt bzw. dem Gehirn als Wirklichkeit erfahren bzw. geglaubt werden, auch wenn keine empirische Bestätigung für die Kompatibilität oder gar Übereinstimmung zwischen (subjektiver) Wirklichkeit und (objektiver) Realität vorliegt, gegebenenfalls sogar prinzipiell nicht beigebracht werden kann. Für Werturteile und damit für moralische Ideen scheint die Sache genau so zu liegen: Sie lassen sich nicht empirisch fundieren, wird allenthalben behauptet.

Dem steht jedoch die Vermutung entgegen, dass Moral eine natürliche Grundlage hat. Diese Sichtweise erhielt zwar durch die »darwinistische Wende« des menschlichen Selbstverständnisses stützende Argumente seitens der Naturwissenschaft, und in jüngerer Vergangenheit wurde von einzelnen Darwinisten sogar der Anspruch erhoben, die Moralphilosophie ließe sich sozusagen durch Moralbiologie ersetzen, aber die naturalistische Moralbegründung trifft nach wie vor auf heftigen Widerstand, obgleich sie weit in die Geistesgeschichte zurückreicht. Denn was ist die antike, aristotelische Naturrechtsphilosophie anderes als ein Versuch, moralische Normen mit Rückgriff auf Naturkategorien zu fundieren. Die moralphilosophische Gegenposition, die Moral ausschließlich auf Vernunft gründet und – so etwa Kant (1785/1963, S. 33 ff.) – der Sittlichkeit jegliche naturalistische Grundlage abspricht, scheint hingegen gezwungen zu sein, eine klare Trennungslinie zwischen Natur und Kultur zu ziehen, um Moral als rein kulturelle Erscheinung zu interpretieren.

Für den außenstehenden, sozusagen naiven Betrachter erscheint der Gegensatz Natur versus Kultur angesichts jüngerer Forschungsergebnisse nicht plausibel, geschweige denn überzeugend. Vielmehr bilden die phylogenetische Entwicklung des Menschen und somit seine genetisch angelegten Dispositionen den weiten, dennoch feste Grenzen setzenden Rahmen für die Genese von Kultur und damit auch für die kulturelle Gestaltung gesellschaftsethischer Systeme. Jedoch ist der Mensch im Unterschied zu allen Tieren dank seines Reflexionsvermögens in der Lage, über

»seine« Moral (und Unmoral) nachzudenken und darüber zu urteilen. Damit ergeben sich zwei denkbare Konstellationen: Entweder halten die evolutionsbiologischen Moralvorgaben, wenn und soweit solche vorhanden und bekannt sind, dem vernünftigen Urteil stand, oder aber die Vernunft gelangt zum gegenteiligen Urteil und postuliert »Korrekturen« an den biologisch disponierten moralischen Normen.

Im ersten, sozusagen dem einfachen Fall der völligen moralischen Kompatibilität von »Biologie und Vernunft« wäre die Sache schnell abgetan. Im zweiten Fall, der der zutreffende sein dürfte, muss die Vernunft gemäß dem Prinzip »Sollen impliziert Können« Mittel ersinnen und in der kulturellen Welt des Menschen implementieren, um den Menschen dazu zu bewegen, dem moralischen Urteil zu folgen und dabei gegebenenfalls »natürlichen« Neigungen zu widerstehen. Es geht also um Erziehung, Bildung und dergleichen Denken und Handeln determinierende Sozialisationseinflüsse. Die Möglichkeit, eine quasi naturwüchsige Moralentwicklung vernünftig zu überprüfen und gegebenenfalls zu korrigieren, ist zumindest insofern zu bejahen, als sich im Verlauf der Zivilisationsgeschichte Veränderungen in den als allgemein verbindlich anerkannten moralischen Normen ergeben haben und somit keine enge, gar determinierende evolutionsbiologische »Moralvorgabe« existiert, was nicht der Möglichkeit widerspricht, dass charakterliche Merkmale des Individuums gewissen genetischen Vorgaben entsprechen – im Guten wie im Bösen.

Die vernünftige Korrektur einer eventuell vorhandenen evolutionsbiologischen, moralisch relevanten »Mitgift« gewinnt vor allem dann, wie noch ausgeführt wird, eminente Bedeutung, falls phylogenetische Dispositionen unter bestimmten Umweltbedingungen dysfunktionale Wirkungen hervorbringen. Dies scheint mit dem Übergang von der phylogenetisch bestimmenden sozialen Umwelt des Menschen, der Kleinpopulation, zu Groß- und Massengesellschaften im Verlauf des »demographischen« Wachstums eingetreten zu sein. Die technische bzw. instrumentelle Vernunft schuf die Voraussetzungen für einen materiellen Wohlstand, der noch vor wenigen Generationen unvorstellbar gewesen war. Warum sollte darauf nicht auch ein (künftiger) moralischer Fortschritt folgen, der heute den meisten Menschen noch utopisch erscheint? Um ein von dem Philosophen Peter Singer gewähltes Bild zu verwenden: »Die Vernunft ist wie eine Rolltreppe – haben wir sie einmal betreten, können wir nicht von ihr herunter, bis wir dort angekommen sind, wo sie uns hinführt« (Singer, 2008, S. 164).

Phylogenetisches Lernschema und ontogenetisches Lernen

Der Mensch wird wie viele höher entwickelte Tiere, insbesondere die Tierprimaten, als Sozialwesen geboren. Ohne Sozialbeziehungen ist menschliche Existenz unmöglich. Deshalb müssen die anthropologischen Vorgaben derart evolutionsbiologisch entwickelt worden sein, dass der körperlich und geistig »normale« Mensch spätestens von Geburt an intuitiv die moralischen Regeln seiner Ethnie erlernt, so wie er die Sprache erlernt. Die genetische Disposition für Lernen ist beim Menschen offenbar weitaus stärker ausgebildet als bei anderen Lebewesen, aber deshalb ist der Mensch wohl auch entsprechend abhängiger von seiner Lernumgebung und wird von ihr weit stärker geprägt, als dies bei anderen Lebewesen geschieht. Mangels enger instinktgesteuerter Verhaltensfestlegung kann der Mensch sehr unterschiedliche Verhaltensregeln – und jede Sprache als »Muttersprache« – lernen, aber er ist seines Überlebens halber auch viel stärker als seine tierischen Verwandten zu einem solch umfassenden Lernprogramm gezwungen. »Wir werden nicht mit irgendwelchen moralischen Normen im Kopf geboren, sondern mit einem Lernschema« (de Waal, 2008, S. 185). Das gilt auch für die primär unbewusste, emotional verankerte Internalisierung moralischer Normen.

Die vernünftige Reflexion moralischer Normen und damit auch der Versuch, sie argumentativ bzw. kognitiv zu begründen, gehört zu einer späteren Lebensphase – nicht zum Säuglingsalter und der (Klein)Kindheit. Erst mit dem Erwachsenwerden tritt die Vernunftfähigkeit auf den Plan und ermöglicht die kritische oder affirmative Stellungnahme zu den moralischen Vorgaben des Kollektivs, und mit Blick auf die (vermutlich) konformistische Disposition des Menschen wird er nur unter besonderen Voraussetzungen von dieser Möglichkeit der vernünftigen Reflexion Gebrauch machen (können). Die Voraussetzungen kognitiver Moralreflexion sind sowohl beim Subjekt selbst (Intelligenz, erworbenes Wissen etc.) als auch in der sozialen, also historisch gewordenen Umwelt (Bildungssystem, Meinungsfreiheit etc.) zu suchen, und es findet sich dabei eine erstaunliche historische bzw. kulturelle Variationsbreite. Die Fragen – Warum gelten bestimmte moralische Regeln als verbindlich? Wie sind sie entstanden? In wessen Interesse liegen sie? Wären andere Regeln wünschenswert und für wen? Wie lassen sich moralische Regeln begründen und gibt es eine Begründung, die von allen Menschen anerkannt werden könnte? Und unter welchen kulturellen Bedingungen wäre eine solche generelle Anerkennung bzw. Geltung denkbar? –, alle diese Fragen sind erst dem zu seiner vollen Vernunftfähigkeit gekommenen Menschen möglich, und sie haben somit auch nur dann die Chance, eine Antwort zu finden. Es versteht sich, dass sowohl die Fragen als auch die möglichen Antworten nicht genetisch determiniert sind, sondern aus kultureller Entwicklung quellen. Doch die Kulturfähigkeit des Menschen (und der Tierprimaten) ist dem phylogenetischen Prozess zu verdanken, und insofern trifft die evolutionsbiologische Interpretation zu, dass Kultur nur im Rahmen der von der Natur gesetzten Grenzen möglich ist, auch wenn diese Grenzen eben sehr weit gezogen und noch längst nicht ausgelotet worden sind.

Biologische Disposition und kulturelle Moralentwicklung

An dieser Stelle bietet es sich an, kurz das Drei-Ebenen-Modell der Moralentstehung von Frans de Waal, dem international renommierten Primatenforscher, zu referieren (vgl. auch den Beitrag von Katharina Trabel in diesem Band). Es ist das Resultat sowohl der jahrzehntelangen Forschungen de Waals mit Tierprimaten, insbesondere mit den Menschenaffen, als auch der kritischen Auseinandersetzung mit Vertretern der Moralphilosophie (Waal, 2008, S. 179 ff.). Die drei Ebenen betreffen

1. moralische Gefühle,
2. sozialer Druck,
3. Beurteilung und Überlegung (Waal, 2008, S. 187).

Zu den moralischen Gefühlen rechnet de Waal die – wie er konstatiert – angeborenen Fähigkeiten zur Empathie, zu Reziprozität, Fairness und zur harmonischen Gestaltung von Beziehungen. »Auf all diesen Gebieten gibt es offensichtliche Parallelen« (Waal, 2008, S. 187) zwischen Mensch und anderen Primaten. Der soziale Druck wird vom Kollektiv dahingehend ausgeübt, dass durch Belohnung und Strafe Kooperation erreicht wird. Auch hierbei sieht de Waal »teilweise« Parallelen zwischen Mensch und Primaten, insbesondere bezüglich »Gemeinschaftssinn« und »präskriptiven sozialen Regeln«, wobei der soziale Druck in menschlichen Kollektiven weitaus stärker zu sein scheint und vor allem an gesellschaftlichen Zielen orientiert ist. Schließlich fehlen solche Parallelen zwischen Mensch und Tierprimaten bei der Reflexion moralischer Normen (»Beurteilung und Überlegung«). Hier besitzt die menschliche Vernunft ihr ausschließliches Terrain, denn nur der Mensch ist geistig dazu in der Lage, seine emotional verankerten Moralauffassungen reflektierend zu überprüfen und gegebenenfalls bewusst zu disziplinieren. »Das moralische Urteil ist selbstreflexiv (das heißt es leitet unser Verhalten) und häufig logisch überlegt« (Waal, 2008, S. 187).

Vehement wendet sich de Waal gegen die sozialdarwinistische Behauptung, der Mensch sei genetisch als rein egoistisches Wesen programmiert, um im »Überlebenskampf« zu bestehen, so dass Moral keine evolutionsbiologische Grundlage habe, sondern vielmehr eine kulturelle, sehr brüchige Fassade darstelle. Dieser »Fassadentheorie« (ein von de Waal eingeführter Begriff) hält de Waal die aus der Primatenforschung gewonnenen Erkenntnisse über »moralisches« Verhalten in der Tierwelt entgegen. Es bestehe also kein Bruch zwischen der moralrelevanten phylogenetischen Mitgift des Menschen und der Moral als Kulturergebnis, sondern eine (gewisse) Kontinuität. »Wir müssen uns dringend von einer Wissenschaft lösen, die eng begrenzte selbstsüchtige Motive hervorhebt, und zu einer Wissenschaft gelangen, die das Selbst eingebettet in sein soziales Umfeld und von ihm bestimmt auffasst. Diese Entwicklung ist sowohl in der Neurowissenschaft in vollem Gange, die zunehmend gemeinsame Repräsentanten von Selbst und Anderem untersucht […], als auch in der Ökonomie, die den Mythos des eigennutzorientierten menschlichen Akteurs in Frage zu stellen begonnen hat« (Waal, 2008, S. 196). Für die politische Ökonomik bedeutet dies u.a., das von der prokapitalistischen Wirtschaftstheorie vertretene Menschenbild, das sich in der Fiktion der Homo-oeconomicus-Anthropologie verdichtet, durch die anthropologisch zutreffendere Charakterisierung des Menschen als Homo socialis aufzuheben – nicht einfach zu ersetzen.

Die evolutionsbiologische Argumentation, dass die bei Tierprimaten, vor allem Menschenaffen, beobachteten »Sozialregeln« durch genetische Dispositionen auch beim Menschen programmiert wurden, erscheint plausibel. Auch die gemeinsame Abstammung von Mensch und Tierprimaten (= Homologie) stützt das auf Beobachtung gegründete Argument. Allerdings sind diese Sozialregeln eben in einer phylogenetischen Umwelt entstanden, die völlig verschieden von den späteren menschlichen Groß- beziehungsweise Massengesellschaften war. Dieser Sachverhalt wirft zumindest die Frage auf, ob die genetischen Dispositionen einschließlich der »Moralvorgaben«, die in kleinen, überschaubaren Ethnien in dem Sinn funktional sind, dass sie auf ein recht harmonisches Gemeinschaftsleben – so de Waal – hinwirken, unter den völlig anderen sozialökonomischen (und politischen sowie soziologischen) Bedingungen anonymer, demographischer Zusammenballungen nicht gegenteilige Effekte hervorrufen.

Folgende These de Waals dürfte bereits hinreichend verdeutlichen, welcher Unterschied zwischen »idyllischen« Kleinpopulationen und Massengesellschaften besteht: »Frühe menschliche Gesellschaften müssen optimale Brutstätten für das ›Überleben der freundlichsten Verhaltensweise‹ gewesen sein, das auf die Familie und mögliche reziproke Partner zielte« (Waal, 2008, S. 199). In diesem Zusammenhang ist beachtenswert, dass in den menschlichen Großgesellschaften Machtpositionen nicht selten von Psychopathen bzw. Soziopathen eingenommen werden (Oakley, 2008; Wirth, 2006; Scheuch u. Scheuch, 2003), aber über Psychopathen in den Populationen von Tierprimaten nichts bekannt zu sein scheint.

Thomas Hobbes irrige Fiktion, dass die Menschen sich von Natur aus als Wölfe begegneten (homo homini lupus), dass ein Krieg aller gegen alle stattfinde, trifft – ganz abgesehen von der Verkennung der Sozialität des Wolfes – eher auf die kulturell hochentwickelten Massengesellschaften zu. Marx' Vorstellung einer »kommunistischen« Urgesellschaft kommt der Realität wohl näher.

Die hobbessche »Anthropologie« kehrt modifiziert in der sozialdarwinistischen Interpretation der Selektionshypothese wieder, die im Überlebenskampf der Individuen den entscheidenden Evolutionsantrieb sieht. Dagegen argumentiert Bauer mit Rückgriff auf jüngere Forschungsergebnisse zur »genetischen Kooperation«: »Der Prozess der Auslese oder Selektion wird vom Darwinismus – unter Auslassung des ›primären‹ Prinzips biologischer Kooperativität – dahingehend interpretiert, dass ›ausschließlich maximale Fortpflanzung‹ darüber entscheide, wer den ›Kampf ums Überleben‹ gewinne« (Bauer, 2008a, S. 15; vgl. zu der inzwischen auch öffentlich ausgetragenen Kontroverse zwischen »orthodoxen« Darwinisten und ihren Kritikern in Bauer, 2008b, S. 9). Für Rang- und Machtstreben, für die anscheinend genetische Dispositionen bestehen, eröffnet sich in (anonymen) Massengesellschaften ein weit größeres Betätigungsfeld, und der kriegerische Zusammenstoß von Massengesellschaften bietet verlockende Beutechancen – von der »unzivilisierten« Plünderung bis zum »verantwortungsvollen« Militäreinsatz für ressourcenstrategische Ziele. Die bellizistische Instrumentalisierung »natürlicher« Xenophobie bis hin zur Entmenschlichung der jeweiligen Feinde findet bis in die Gegenwart vielfach Belege.

Mit der für Massengesellschaften charakteristischen Anonymisierung der Sozialbeziehungen gehen Solidaritätsverlust und Auflösung von Loyalität gegenüber dem Gesamtkollektiv einher, und es entstehen neue Deprivationserscheinungen und sozialökonomische Demütigungen (beispielsweise Jugendarbeitslosigkeit in »Wohlstandsgesellschaften«), die als Aggression auslösende Reize wirksam werden (können). Extreme Ungleichverteilung der existenznotwendigen Ressourcen ist kein anthropologisches Urphänomen, sondern ausgeprägte Arm-Reich-Gegensätze finden sich erst in Massengesellschaften – auch wenn es sich um so genannte Hochkulturen handelt. Während der vergangenen zweihundert Jahre hat sich die »globale« Distanz zwischen reichen und armen Ländern ständig vergrößert – von 3:1 im Jahr 1810 auf 72:1 zu Anfang der 1990er Jahre (UNDP, 1999, S. 38). Das Wirtschaftswachstum hat also dieses Verteilungsproblem nicht behoben, sondern verschärft.

Wenn Ungleichverteilung auch in Notzeiten aufrechterhalten wird, das heißt, eine »sozialistische« Umverteilung ausbleibt, ergeben sich die in der Geschichte immer wieder beobachteten Widersprüche zwischen luxurierender Oberschicht und Hungersnot der breiten Bevölkerung. Der Verlust an Gemeinschaftlichkeit in Massengesellschaften, der nur partiell durch »Gemeinschaftsenklaven« (Großfamilie, Vereinsbildung im weiten Sinn, Berufsorganisationen etc.) kompensiert wird, erhöht generell die Belastungen durch sozialökonomisch bedingte Stressoren. Dass dies steigende Aggressionsbereitschaft hervorruft, ist vielfach beobachtet worden.

In diesem Zusammenhang ist die Frage bedeutsam, ob – so Sigmund Freud und vor allem Konrad Lorenz (1963) – der Mensch einen »angeborenen« Aggressionstrieb aufweist und deshalb stets auf Angriff disponiert ist oder aber Aggressivität primär eine Verteidigungsreaktion darstellt, also nur im Fall von Bedrohung aktiviert wird, aber keineswegs Triebcharakter hat (so auch Darwin nach Bauer, 2008a, S. 148). Wenn es sich um einen Trieb handelte, so müsste er wiederkehrend virulent werden und auf Befriedigung gerichtet sein – analog zu Grundbedürfnissen (Hunger, Durst, Sexualtrieb usw.) –, so dass temporärer Sättigung immer erneute Triebausbrüche folgen.

Die Hypothese des Aggressionstriebs ist bis heute nicht nur unter Wissenschaftlern der Lorenz-Schule, sondern auch in der breiten Öffentlichkeit recht populär und wird in vielen Publikationen als zutreffende Theorie (Dressler und Zink, 2003, S. 9 f.) präsentiert. Dennoch dürfte es sich um eine überholte, wenn nicht von Anfang an ideologisch beeinflusste Lehrmeinung handeln. Im Großen und Ganzen gelang es doch, das friedliche Zusammenleben in zivilisierten Gesellschaften zu organisieren, und der Zusammenbruch zivilgesellschaftlicher Ordnung hat stets Ursachen, die »nicht« für einen natürlichen Aggressionstrieb sprechen, sondern sozialökonomischer und politischer Art sind und stets Bedrohungskonstellationen herbeiführen, auf die hin das Reiz-Reaktions-Schema antwortet. Die auf jüngeren Forschungsergebnissen basierende Kritik an der Aggressionstrieb-Hypothese – insbesondere an ihrer bellizistischen Ausdeutung durch Konrad Lorenz (natürliche »Angriffslust«) – brachte (jedenfalls für den Autor) überzeugende Belege für die Reiz-Reaktions-Hypothese (Bauer, 2008a, S. 147 ff.).

Ein ganz anderes Problem betrifft die Frage, ob und in welchem Ausmaß psychopathische Persönlichkeiten genetisch determiniert sind und ob solche asozialen Charaktere eventuell durch die institutionellen Strukturen von Massengesellschaften in ihren Erfolgs- und Reproduktionschancen begünstigt werden (Oakley, 2008, S. 191 ff.). Die bedrückende Tatsache, dass es psychopathisch disponierten Speziesgenossen immer wieder gelang, Spitzenpositionen zu erreichen und ihre Macht unheilvoll wirken zu lassen, sollte künftig mehr kritische Aufmerksamkeit finden, um die Menschheit vor »dem Bösen« besser schützen zu können.

Ob eine subjektiv als Bedrohung erfahrene Situation (beispielsweise Verlustangst, Eifersucht) irrtümlich, durch Täuschung und Manipulation entsteht oder aber objektiv berechtigt ist, spielt wohl für die Aggressionsreaktion selbst gar keine Rolle. Deshalb können auch ideologisch fundierte Bedrohungsszenarien (z. B. die Behauptung, dass der Andere im Grunde immer feindliche Absichten verfolge oder dass er prinzipiell als gefühlloser, egoistischer Homo oeconomicus zu fürchten ist) im Sinn der Selbsterfüllung von Prognosen aggressives Verhalten (bis hin zum Krieg) auslösen. »Dass Bedrohung Aggression hervorruft, ergibt auch evolutionär ›Sinn‹: Ähnlich wie Angst (niemand würde auf die Idee kommen, von einem ›Angsttrieb‹ zu sprechen) ist Aggression ein neurobiologisch basiertes Programm, das abgerufen wird, wenn vital bedeutsame Ressourcen (einschließlich sozialer Verbundenheit) knapp werden, wenn Schmerz abgewehrt werden muss oder die körperliche Unversehrtheit anderweitig bedroht ist« (Bauer, 2008a, S. 149).

Die Fähigkeit zum aggressiven Verhalten kann durchaus instrumentalisiert werden, und die menschliche Lernkapazität und Anpassungsbereitschaft spielen hierbei eine wesentliche Rolle. Doch so wie »Kampfhunde« das nicht von Natur aus sind, sondern erst durch entsprechende Dressur zu solchen gemacht werden, sind auch Menschen nicht von Natur aus lebendige »Tötungsmaschinen« oder »Folterapparate« – von Ausnahmen genetisch (?) determinierter Psychopathen abgesehen. Schopenhauers Typisierung der Menschen in die Masse der simplen Egoisten und die beiden Extreme der Minderheiten der »Mitleidigen« und der »Bösen« – Letztere hätten ihr Vergnügen daran, Böses zu tun, und nähmen dafür auch eigene Nachteile in Kauf – findet bisher weder eine (klare) neurobiologische Bestätigung noch Widerlegung, so dass die Forschung auch hier noch Überraschendes herausfinden könnte.

Die determinierende Wirkung sowohl rein ideologischer als auch (natur)wissenschaftlich bewährter Wirklichkeitsvorstellungen auf das menschliche Verhalten steht außer Zweifel. Solche Überbauphänomene, deren Existenz an menschliche Gehirne gebunden ist, entstehen sozusagen als zerebraler Niederschlag von Umwelteinflüssen, denen der Mensch bzw. sein Gehirn ausgesetzt ist, und wirken dann via menschliches Handeln auf die kulturelle Realität im umfassenden Sinn zurück, also auch auf die sozialökonomischen Verhältnisse. »Die rückwirkende Kraft von Überbauphänomenen auf das Handeln der Menschen ist geradezu ungeheuerlich« (Grün, 2009, S. 40). Damit ist zugleich gesagt, dass die politische Ökonomik, also die Wirklichkeitsvorstellungen über die Ökonomie, auf diese gestaltend einwirken (Marglin, 2008). Es ist deshalb pure Illusion, eine Sozial- und Wirtschaftswissenschaft in Analogie zur Naturwissenschaft zu postulieren. Wenn Menschen über gut und böse urteilen, so ist das sinnlos in Bezug auf die Natur, sehr sinnvoll jedoch bezüglich sozialökonomischer Verhältnisse.

Wirtschaftstheorien implizieren Werturteile, und häufig werden sie auch offen formuliert und mit der jeweiligen Theorie zu legitimieren versucht. Die Rückwirkung sozialökonomischer Theorie auf das Erkenntnisobjekt ist eine Tatsache. Sie zu leugnen, ist gerade eines der Hilfsmittel, um auf das Erkenntnisobjekt Einfluss auszuüben. Das Erkenntnisobjekt der Naturwissenschaft wird durch die Erkenntnis per se hingegen nicht tangiert. Das ist eben ganz anders bei den Sozial- und Wirtschaftswissenschaften bzw. allgemeiner: bei den Kulturwissenschaften, denn sie sind darauf angelegt – völlig unabhängig vom mehr oder weniger naiven wissenschaftstheoretischen Selbstverständnis eines Forschers, in ihr Erkenntnisobjektiv zu intervenieren: mehr Markt und weniger Staat oder vice versa. Im klaren Unterschied zu dem vom Menschen unabhängigen naturwissenschaftlichen Erkenntnisobjekt gilt für das Kulturelle »the fact that the reality of culture is not independent of our factual thought about it« (Apel, 2008, S. 213).

Bezeichnend, dass der Aufstieg einer bestimmten Schulmeinung zur herrschenden Lehre stets in direkter Beziehung zur ihrer Reproduktionsfunktion für den jeweiligen Status quo geschieht und sich nicht etwa – wie in den Naturwissenschaften regelmäßig der Fall – als Ablösung der wissenschaftlich »schlechten« durch die »bessere« Theorie vollzieht. Beispielsweise war der Wechsel vom Mainstream-Keynesianismus zum Neoliberalismus seit den 1970er Jahren keinem (wirtschafts)wissenschaftlichen Fortschritt geschuldet, sondern einfach den Veränderungen der materiellen Verhältnisse – Auslaufen starken Wirtschaftswachstums der Nachkriegsjahrzehnte und Beginn einer lang anhaltenden, noch keineswegs beendeten wachstumsschwachen Periode. In den Köpfen der Funktionseliten wurde eine neue Wirklichkeitsvorstellung etabliert: Der Keynesianismus hat in der Wachstumskrise versagt, die Gegenposition, der Anti-Keynesianismus, bietet wohl doch die bessere Lösung, und die Kapitaleigner und ihre Anhänger waren ja schon immer dieser Meinung. Die Wende vom Keynesianismus zum Neoliberalismus war kein Paradigmenwechsel im Sinn von T. S. Kuhn, sondern eine Art Gegenreformation der Orthodoxie. Mit der Rückkehr zur vorkeynesianischen Wirtschaftslehre gelangten auch die vorkeynesianischen Glaubensvorstellungen, die deistische Harmonie-Metaphysik der Adam-Smith'schen Marktapologetik zurück. Der Glaube an die endogene Stabilität des »freien« Marktsystems (= Krisenfreiheit) und an seine Selbstoptimierung.

Menschliche Phylogenese und Massengesellschaft

De Waals These von den moralischen Kontinuitäten zwischen Tierprimaten und Mensch stützt sich auf eindrucksvolle Befunde und erscheint so plausibel, aber ihm ist entgegenzuhalten, dass die Primatenforschung es mit kleinen, günstigstenfalls natürlichen Populationsgrößen (also bei Feldforschung im Unterschied zur Gefangenschaft in Zoo und Tiergehege) zu tun hat. Eine Übertragung von Verhaltensdispositionen bzw. ihrer ontogenetischen

Wirkung aus der Primatenforschung auf menschliche Großpopulationen erscheint daher problematisch. Anders sähe es aus, wenn es Tierprimaten-Populationen von zehn-, fünfzig- oder gar einigen hunderttausend Individuen gäbe und damit Analogien zur demographischen Situation in Massengesellschaften. De Waals Überlegungen blenden die soziologischen Veränderungen bzw. Besonderheiten von großen Populationen aus, und deshalb fallen die beiden wesentlichen Momente der menschlichen Kulturentwicklung, die sie krass gegen alle Parallelen zu den Kollektiven der Tierprimaten abheben, aus seiner Perspektive: erstens, wie beschrieben, die fundamentalen Veränderungen aufgrund des Bevölkerungswachstums; zweitens die mit dem demographischen Wachstum, also den Großpopulationen, einhergehende Herausbildung von Klassengesellschaften, zu denen es keine Parallele bei Tierprimaten zu geben scheint, soweit bisher bekannt ist.

Mit der Entstehung von Groß- bzw. Massengesellschaften verließ der Mensch, wie gesagt, seine phylogenetische Umwelt kleiner, überschaubarer Ethnien. In Massengesellschaften lösen sich die ursprünglichen sozialen Kontrollmechanismen weitgehend auf, und entweder werden neue, quasi unnatürliche Überwachungsmechanismen installiert (so in autoritären, diktatorischen Systemen) oder die kontrollfreien Verhaltens- und Handlungsspielräume werden erweitert, was als Freiheitsgewinn bezeichnet wird, sich aber auch negativ auf soziale Bindung und Gemeinschaftsorientierung auswirkt (Marglin, 2008; Zinn, 2009). Dass solche Umweltveränderungen bei verschiedenen Genotypen unterschiedliche phänotypische Wirkungen haben, scheint inzwischen gut belegt zu sein (Oakley, 2008, S. 48). Die genetischen Dispositionen des Menschen waren eben nicht für das Überleben und die Reproduktion in Massengesellschaften entwickelt worden. Dass er diese tief greifende Veränderung seiner sozialen Umwelt dennoch einigermaßen bewältigt hat – jedenfalls gemessen an der extrem gewachsenen Population –, zeugt von seiner außerordentlichen Lern- und Anpassungsfähigkeit. Welche genetischen Dispositionen auf welche Weise in Massengesellschaften virulent werden und ob dort nicht völlig neue phänotypische Erscheinungen – beispielsweise die u. a. von Le Bon und Freud untersuchten massenpsychologischen Effekte – auftreten, die keine Parallele zu den

Urgesellschaften der Primaten aufweisen, müsste durch künftige Forschungsarbeit herausgefunden werden. Denken wir beispielsweise an des berüchtigte »Herdenverhalten« von Börsianern; vermutlich ist es genetisch disponiert, aber ob und wie es zutrage tritt und welche guten oder schlechten Effekte es bewirkt, hängt von Umweltbedingungen ab; ohne Börsen keine Spekulanten und keine platzenden Blasen.

Es dürfte kaum auf Widerspruch treffen, wenn konstatiert wird, dass die historische Entstehung und Fortentwicklung von Massengesellschaften primär der menschlichen Vernunft im umfassenden Sinn, also einschließlich seiner technischen Intelligenz, zu verdanken ist. Jedoch scheint gerade die schwache Seite in diesem Entwicklungsprozess in der für Massengesellschaften unzulänglichen moralischen Mitgift der menschlichen Phylogenese zu bestehen. Denn es gelang bisher nicht, den technischen Fortschritt ausnahmslos, ja vielleicht nicht einmal überwiegend für den Wohlstand und das friedliche Zusammenleben der Menschen zu nutzen, sondern in die Epoche technischer Höchstleistungen des Menschen fallen die gewaltigsten Vernichtungsexzesse, die sich die intelligente Spezies Homo sapiens gegen ihre Gattungsgenossen zuschulden kommen ließ. Die einfache Frage, ob Tiere ihre Artgenossen foltern, gar aus purem Vergnügen quälen, ist durchaus relevant, wenn es um (mögliche) Verhaltensparallelen von Mensch und anderen Primaten geht. Jedenfalls ist ein »Folterinstinkt« bei Tieren noch nicht entdeckt worden, und das lässt vermuten, dass es sich bei den »durchdachten« Scheußlichkeiten, die Menschen anderen Menschen antun, um Resultate der so genannten Kulturentwicklung im Verlauf des demographischen Wachstums handelt, das auch die Zahl der Psychopathen zumindest absolut ansteigen ließ.

Der zweite hier herausgestellte wesentliche Unterschied zwischen menschlichen Massengesellschaften und den Kleinpopulationen der Primaten (einschließlich der menschlichen Urgemeinschaften) besteht in dem Novum der Klassengesellschaften, also dem sozialökonomischen Antagonismus. Im Rangstreben und in der Verwandtenloyalität evolutionsbiologische Dispositionen für die menschlichen Klassengesellschaften, dieser sozialökonomischen Emergenz, erkennen zu wollen, erscheint unplausibel. Das schließt keineswegs aus, dass sich herrschende Klassen das »natürliche« Rangstreben (Karriereehrgeiz, narzisstische Selbstpräsentation und dergleichen; vgl. den Beitrag von Grün in diesem Band) zunutze machen. Wichtiger erscheint in diesem Zusammenhang, dass mit dem Rangstreben so etwas wie Ergebenheit, Gefolgschaft, Unterordnung und dergleichen als komplementäre Verhaltensweisen einhergehen müssen, um zumindest temporär stabile, gar harmonische Sozialbeziehungen zu erreichen. Die »Führer-Volk-Konstellation« ist aus der Menschheitsgeschichte hinlänglich bekannt, und in allen Fällen gehen bestimmte Führungsqualitäten und charismatische Suggestion des »Führers« einher mit »Heilserwartungen« der Gefolgschaft[2] und deren »unverbrüchlicher« Treue, solange die Erwartungen nicht enttäuscht werden. Es ist hier nicht möglich, ausführlicher auf die Komplementarität in dieser Bindung zwischen Führung und Gefolgschaft, auf die genetischen Dispositionen der Befehl-Gehorsam-Strukturen, einzugehen, aber es sei herausgestellt, dass es sich um eine Problemkonstellation handelt, die auch von demokratischen Gesellschaften (noch) nicht moralisch bewältigt worden ist.

Die Vorstellungen de Waals über die evolutionsbiologischen Grundlagen menschlicher Moral sind in vieler Hinsicht plausibel, und sein Drei-Ebenen-Modell hat zumindest hohen heuristischen Wert. Doch das alles darf nicht darüber hinwegsehen lassen, dass de Waals Tendenz, die Relevanz der »tierweltlichen Idylle« für die Menschengemeinschaft herauszustellen, zwar für die ursprünglichen menschlichen Ethnien erhebliche Erklärungskraft bezüglich deren Sozialverhalten bzw. ihrer moralischen Regeln aufweist, nicht aber für menschliche Massen – und das sind zugleich stark hierarchisierte Klassengesellschaften. Vielmehr sind hier Verhaltensweisen beobachtbar, die jenen in der tierweltlichen »Harmoniegemeinschaft« parallelen Gemeinschaftlichkeit menschlicher Urgesellschaften konträr zu stehen scheinen. Die gut belegte Ein-

2 Rangstreben und Harmonie in einer Urgesellschaft sind nur kompatibel, wenn bei den »Untergebenen« die Bereitschaft entsteht, sich der hierarchischen Ordnung einzufügen. Der immer wieder beobachtete Konformismus und die Mitläuferhaltung können als sozialpsychologische Komplemente der aus dem Rangstreben zu erklärenden sozialen Rangordnung interpretiert werden.

sicht in die quasi prämoralischen Verhaltensweisen von Tierprimaten sollte nicht unversehens als Argument für eine Art evolutionsbiologisch begründeten moralischen Fortschritt der Menschheit hochstilisiert werden.

De Waals Typisierung altruistischen Verhaltens[3] verdeutlicht zudem, dass erst der Mensch dank seiner Rationalität in der Lage ist, »egoistisch zu helfen«, das heißt gemäß eines Kosten-Nutzen-Kalküls zu entscheiden, ob es sich auszahlen wird, dem Anderen Gutes zu tun – oder es sein zu lassen, wenn die Kosten überwiegen. Die anthropologische Fiktion der (neo)klassischen Wirtschaftstheorie, der Homo oeconomicus, impliziert, genau diesem Muster »egoistischen Helfens« zu folgen. Dies wird umso konsequenter (moralisch bedenkenloser) geschehen, als ihn die soziale Umwelt (etwa eine kapitalistische) in einer Konkurrenzgesellschaft dazu erzieht bzw. ermuntert und ihn dazu bestimmt, den ursprünglicheren, quasi »naiven« Gemeinschaftssinn (Waal, 2008, S. 188; Marglin, 2008, S. 247 ff.) zu verdrängen oder ihn gar nicht erst genetisch »einzuschalten«. In Massengesellschaften ist der soziale Stimulus, sich gemeinschaftsnützlich zu verhalten, weitaus geringer als in den phylogenetischen Umwelten des Menschen, und die »egoistische Rationalität« – doch bloß eine von vielen Rationalitäten (Schnädelbach, 2007, S. 137 ff.) – gewann erst durch die konkurrenzkapitalistischen Verhältnisse ihr heutiges, wirtschaftswissenschaftlich gestütztes Ansehen einer Quasi-Tugend.

Zivilisation ist Produkt der technischen Rationalität, und jene moralisch zu beherrschen, ist vor allem eine Aufgabe der Vernunft. Dass es trotz der neuzeitlichen Massenvernichtungen von Menschen durch Menschen zu dem moralischen Fortschritt kommen konnte, wie er sich u. a. in den Allgemeinen Menschenrechten, im Sozialstaat und der Demokratie abzeichnet, verweist uns auf die Vernunft als notwendigen Regulator weiteren moralischen Fortschritts. Die Vernunft wird gegen bestimmte evolutionsbiologi-

3 1. Funktional altruistisch (nur Kosten, aber kein Nutzen für den Helfer); 2. Sozial motiviertes Helfen (Mitleidsreaktion des Helfers); 3. Intentional gezieltes Helfen (Kenntnis, wie der Andere begünstigt wird); 4. Egoistisches Helfen (Helfer hilft wegen Gegenleistung) (siehe de Waal, 2008, S. 199).

sche Dispositionen (Rangstreben, rein reziproken, »egoistischen« Altruismus, Xenophobie) weiterhin und angesichts zunehmender Knappheiten auf der Erde noch vehementer Stellung nehmen müssen, um eine humane (Welt)Gesellschaft zu erreichen.

Massengesellschaften können insofern als »unnatürlich« charakterisiert werden, als sie den Menschen in eine seiner phylogenetischen Umwelt konträre stellen. Damit, so lässt sich vermuten, ergibt sich ein hohes Risiko von Fehlentwicklungen und Anomalien, und zwar sowohl auf individueller Ebene (Neurosen, Deprivationserscheinungen, Autismus, Amok etc.) als auch auf gesellschaftlichem Niveau (u. a. asoziale Verteilungsverhältnisse, das heißt verschwenderischer Reichtum und Armut in derselben Massengesellschaft, von der globalen Ungleichverteilung ganz zu schweigen). Die herausragende Lern- und Anpassungsfähigkeit des Menschen korrespondiert mit seiner zerebralen Komplexität, die eben eine höhere neuronale Störanfälligkeit mit sich bringt. »Unnatürliche« (inhumane) sozialökonomische Verhältnisse wirken sich dann auf die ontogenetische Entwicklung des Menschen entsprechend verheerender aus, als es bei Tieren in einer nicht artgerechten Umwelt der Fall zu sein scheint.

Die noch recht jungen Erkenntnisse zur »Umweltabhängigkeit« der Aktivierung von Genfunktionen durch so genannte Anschaltgene beziehungsweise Promotoren (Bauer, 2006, S. 156) erlauben zwar – mangels umfassender Kenntnis, welche sozialökonomischen und politischen Umwelteinflüsse welche Gene wie steuern – noch keine präzise Beschreibung der dabei relevanten umweltbezogenen Genaktivierungen, aber dass überhaupt solche Wirkungsketten von außen nach innen verlaufen, widerspricht den gängigen evolutionsbiologischen Vorstellungen, dass der Phänotypus direkt und eindeutig von den genetischen Dispositionen bestimmt wird. Ein Nicht-Biologe darf sich im Zusammenhang mit der umweltabhängigen Genaktivierung vielleicht folgende spekulative Überlegung erlauben. Wenn Genaktivierung durch Umwelteinflüsse vorgesehen ist, so wäre denkbar, dass es eine Art genetischer Vorratshaltung für Reaktionen auf bestimmte Umweltveränderungen – beispielsweise infolge starken demographischen Wachstums – gibt. Die Verhaltensbiologin Judith Korb legte Ergebnisse ihrer Forschung mit Termiten vor, die darauf schließen lassen, dass Termiten bei starker Vermehrung ihrer Population Flügel wachsen (und nur dann), so dass sie in größerer Entfernung vom Altbau eine neue Kolonie gründen können (Haß, 2008). Es ist zu vermuten, dass hier »Vorratsgene« im Spiel sind, die durch die Populationsvermehrung angeschaltet wurden. Vielleicht wird die weitere Forschung Analoges beim Menschen herausfinden.

»Tatsächlich reagieren Gene in einem Ausmaß auf die Umwelt, wie dies bis vor wenigen Jahren noch unvorstellbar war. Dass Gene in ihrer Aktivität fortlaufend reguliert werden, ist bereits seit einigen Jahren bekannt. Erst vor kurzem hat sich zudem gezeigt, dass Umwelterfahrungen einen nachhaltigen, das heißt ›überdauernden‹ Einfluss darauf haben können, ob, und wenn ja, wie stark ein Gen überhaupt abgelesen wird. Dieses neue, als ›Epigenitik‹ bezeichnete Gebiet macht den überragenden Einfluss der Umwelt auf die Gene in einer ungeheuer erweiterten Dimension deutlich« (Bauer, 2006, S. 134).

Ein Modell der historischen Moralentwicklung

Es war bereits auf den Unterschied zwischen emotionaler Moralentwicklung und kognitiver Moralreflexion hingewiesen worden. Diese Zweigleisigkeit moralischer Normbildung ermöglicht, eine Erklärung für die historische Moralentwicklung zu entwerfen. Das Individuum wird in eine historische Situation hineingeboren und erwirbt in seiner Kindheit und Jugend moralische Normen (vornehmlich) über emotionale Sozialisation. Das Ergebnis sei als »emotionale Moralkomponente« bezeichnet. Spätestens mit der Pubertät, also zu Beginn des Erwachsenwerdens, wird jedoch zumindest die Möglichkeit eröffnet, dass der Mensch über die von ihm bereits verinnerlichten moralischen Normen nachzudenken beginnt, sie reflektiert und nach einer verstandesmäßigen, also kognitiven Begründung fragt bzw. sucht. Ob es dazu kommt und mit welchem Resultat, hängt selbstverständlich von den historischen Verhältnissen ab, und diese wirken sich auf die Art und Weise der Moralerziehung der Kinder und Jugendlichen aus. Ob Indoktrination oder Duldung von Widerspruch, gar die Anleitung zum kritischen Verstandesgebrauch vorherrschen, welcher Weg und welcher Inhalt die Wissensvermittlung bestimmen, dies alles steht unter dem Einfluss der sozialökonomischen Verhältnisse. Doch wie immer sich die historische Konstellation auch darstellt, neben die emotionale Moralkomponente tritt die kognitive. In welche inhaltliche Relation die beiden zueinander treten, ist damit noch keineswegs festgelegt: Gegenseitige Befestigung ist möglich, aber auch Widersprüche zwischen emotionaler und kognitiver Komponente sind denkbar, und gerade die Widersprüche führen gegebenenfalls zum moralischen Fortschritt.

Das skizzierte Modell erscheint hilfreich bei der Erklärung des historischen Wertewandels. Wenn den Heranwachsenden bei ihrem moralischen Reflexionsbemühen neue Werte, kritische Positionen zu tradierten, anerzogenen Moralvorstellungen begegnen, besteht die Möglichkeit, dass sie sie übernehmen. Wenn eine Erzieher- bzw. Elterngeneration aufgrund ihrer Reflexion moralischer Normen ihre in der eigenen emotionalen Moralkomponente verankerten Normen infrage stellt, sie mehr oder weniger revidiert, so dürfte sich das auch auf die unbewusste sowie die bewusst erzieherische Moralvermittlung an den Nachwuchs auswirken. Die Möglichkeit – keineswegs Notwendigkeit oder Zwangsläufigkeit – der inhaltlichen Differenz zwischen emotionaler und kognitiver Komponente liegt also dem historischen Wandel moralischer, somit vor allem sozialethischer Auffassungen zugrunde. Der Wertewandel per se besagt selbstverständlich noch nichts darüber, ob er von einem bestimmten ethischen Standpunkt aus als fortschrittlich oder reaktionär bzw. als human oder inhuman zu beurteilen ist.

In unserem Zusammenhang ist es wesentlich herauszustellen, dass eine theoretische bzw. philosophische Begründung moralischer Normen, also insbesondere auch sozialethischer Normen, kognitiv geschieht, wie stark dabei auch immer noch emotionale Momente ein- bzw. nachwirken mögen. Die bewusste Moralbegründung gehört jedenfalls eindeutig zur kognitiven Moralkomponente. Neue moralische Ideen oder Entdeckungen, sozusagen kreative, moralische Emergenzen, können historisch nur über die kognitive Komponente wirksam werden. Es liegt jedoch auf der Hand, dass eine kognitive Moralbegründung es umso leichter haben wird, anerkannt zu werden, wenn sie an die emotionale Komponente inhaltlich anschließt. Deshalb wird eine kognitive, eine philosophische Begründung des Gleichheitsprinzips von politisch »links« fühlenden und denkenden Menschen eher übernommen als von den »rechts« stehenden, die Probleme haben, sich mit dem Gleichheitsprinzip zu identifizieren. Die emotional aufgeladenen, pejorativen Vokabeln »Gleichmacherei«, »Neidsteuer«, »Anspruchsdenken« etc., die im Kontext von Fragen, was gesellschaftliche Gleichheit bedeutet, auftauchen, kommen nicht von links, sondern von rechts. Gleichheit ist eine moralische Grundnorm, aber ihre Inanspruchnahme verlangt auch von jedem, sich den aus dem Grundprinzip herzuleitenden Rechten »würdig« zu erweisen. Trittbrettfahrerverhalten und dergleichen asoziale Praktiken bis hin zur Kriminalität, das sei hier nur am Rande erwähnt, dürften unter relativ egalitären Verhältnissen strenger definiert werden als in den hierarchisierten »Privilegiengesellschaften«, die manche »Unregelmäßigkeit« als Kavaliersdelikt bagatellisieren und wo Klientelpolitik von Leuten, die ihren Amtseid auf das Gemeinwohl geschworen haben, als normal wahrgenommen wird. Ist das ein Freiheitsverlust? Und wenn ja, für wen?

Zur vernünftigen Begründung des Gleichheitsprinzips

In den als zivilisiert charakterisierbaren Gesellschaften der Gegenwart wird das Gleichheitsprinzip, das heißt die Gleichheit aller Menschen, formal allgemein anerkannt und steht so auch in den demokratischen Staatsverfassungen. Diese allgemeine Anerkennung des Gleichheitsprinzips ist historisch relativ jung, findet sich erst in der Moderne und kann als Erfolg des historischen Projekts der weit in die Vergangenheit zurückreichenden sozialen Bewegung(en) interpretiert werden. Das Gleichheitsprinzip ist die Grundnorm der modernen Demokratie (im Unterschied zur antiken Demokratie der attischen Sklavenhaltergesellschaft), und es ist auch die Grundnorm der sozialethischen Vorstellungen der politischen Linken. Die philosophische Begründung des Gleichheitsprinzips betrifft also gleichermaßen die moderne Demokratie als auch die Gesellschaftsethik, die humanen Ideen genügen will (zum Folgenden vgl. Kuhlmann, 2009, 2007, 1985). Die »vernünftige« Begründung des Gleichheitsprinzips mag mit evolutionsbiologischen Moralvorgaben kompatibel sein oder ihnen partiell widerstreiten. In keinem Fall tangiert das die Vorrangigkeit und humane Überlegenheit dieser Grundnorm, weil die Vernunft – wie auch de Waal in seinem Drei-Ebenen-Modell konzediert – über die biologische Determination gestellt ist.

Vernünftige Moralbegründung erfordert, moralische Normen einem Diskussionsprozess auszusetzen, in dem Argument und Gegenargument vorgebracht werden in der Erwartung, dass sich die letztlich richtige Antwort herauskristallisiert. Dieses Verfahren entspricht der Diskursethik. Die Diskursethik kann als eine innovative Idee für die Erörterung moralischer Probleme begriffen werden. Doch die Diskursethik unterscheidet sich von allen anderen früheren und aktuellen Verfahren der Moralerörterung durch ihre Voraussetzungen. Voraussetzungen, die als logische Notwendigkeit des Diskurses charakterisiert werden können und deshalb nicht widerlegbar sind, sondern nur missachtet und unterdrückt werden können, was einen Gewaltakt bedeutet. Zu den logischen Voraussetzungen des Diskurses gehört u. a. die Anerkennung des Gleichheitsprinzips, und das macht die Diskursethik attraktiv für die Intention, eine humane Moral zu begründen.

Vernünftig miteinander reden setzt voraus, dass wir uns verständlich machen, dass wir Argumente vortragen, die die anderen verstehen und gegen die sie ihre Argumente setzen können. Unterstellt, dass vorstehende Überlegung, wenn nicht allen Menschen, so doch der großen Mehrheit plausibel erscheint, so verweist das darauf, dass ihre Zustimmungsbereitschaft in ihren neuronalen Hirnstrukturen disponiert worden sein muss – genetisch und/oder umweltabhängig. Der Verständigungswille dürfte also naturalistisch erklärbar sein, was auch durch de Waals Sichtweise gestützt wird. In dem Verständigungsdiskurs kommt es darauf an, dass nur die vorgetragenen Argumente und nicht materielle oder immaterielle Machtverhältnisse dafür ausschlaggebend sind, was gesagt wird, und dass die Diskursteilnehmer sich sozusagen von ihrer zerebralen Disposition her motiviert fühlen, gemeinsam das Richtige bzw. so etwas wie Wahrheit herauszufinden.

Es handelt sich zwar um einen idealtypischen Entwurf, wenn der herrschaftsfreie Diskurs gefordert wird, sozusagen um eine regulative Idee, aber sie lässt sich mit vernünftigen Argumenten nicht abweisen. Denn wer die Idee des herrschaftsfreien Diskurses abweisen möchte, und zwar mittels vernünftiger Argumente, akzeptiert gerade das, was er zurückzuweisen versucht. Er gerät in einen unauflösbaren Selbstwiderspruch. Es ist der Fall eines radikalen Skeptikers, der behauptet, er bezweifle »alles«, also auch die Berechtigung seines skeptischen Generalzweifels. Das normale Gehirn reagiert darauf mit dem Vorwurf, dass die Logik verletzt wird.

Neurobiologen bzw. neurobiologische Forschungsergebnisse widersprechen nicht der Hypothese, dass sich in einem Diskurs, also einer gemeinschaftlichen Unternehmung einiger oder vieler Individuen, andere Einsichten ergeben können, andere Verhaltensweisen vereinbart und dafür auch Kontrollen der Einhaltung beschlossen werden, als es sich ein sozial isoliertes Individuum auszudenken vermöchte. Das »Brainstorming« ermöglicht sozusagen, mehrere Gehirne zusammenzuschließen und synergetische Ergebnisse zu produzieren. Die Möglichkeit für solche Kollektivleistungen muss selbstverständlich in den einzelnen Gehirnen angelegt sein, aber definitionsgemäß kann das isolierte Einzelhirn kein Kollektiv aus Gehirnen simulieren. Deshalb sind bei der Erörterung irgendeines Themas, einer Frage, einer Problemstellung etc. alle Betroffenen in den Diskurs einzubeziehen, da es ja darum geht, eine Problemlösung zu erreichen, die von allen Betroffenen akzeptiert werden kann. Nur dann gewinnt die Gemeinschaft die moralische Legitimation, gewaltsame Interessendurchsetzung zu unterbinden. Denn wird auch nur ein Betroffener ausgeschlossen, so bedeutet dies, dass Macht/Gewalt im Spiel ist, und damit wird die Norm verletzt, nur vernünftige Argumente gelten zu lassen.

Geht es um Menschheitsfragen, also um Fragen, die alle Menschen betreffen, so sind sie prinzipiell auch alle am Diskurs zu beteiligen. Dies heißt also, dass der Diskurs das Gleichheitsprinzip als seine unabdingbare Voraussetzung hat. Wie ein solcher Diskurs über Menschheitsfragen praktisch zu organisieren ist – demokratische Repräsentation dürfte wohl die geeignete Form sein –, soll uns hier nicht weiter beschäftigen, denn es geht um das grundsätzliche Resultat der hier vorgetragenen Argumentation, dass am

Gleichheitsprinzip nicht zu deuteln ist, wenn und weil wir nach einer Gesellschaftsethik suchen, die für alle Menschen akzeptabel ist. Akzeptabel meint, dass alle Menschen aufgrund vernünftiger Argumente von der Richtigkeit bzw. Wahrheit überzeugt (worden) sind.

Es sei dahingestellt, ob das Gleichheitsprinzip durch die diskursethische Begründung tatsächlich eine Letztbegründung findet, also eine für alle Zukunft nicht mehr hintergehbare feste Grundlage erhält; darüber entscheidet eben die Zukunft. Ich denke dass dies der Fall ist, aber auch wenn daran Zweifel geäußert werden, so ist doch offenkundig, dass sich die historische Linke in ihren gesellschaftsethischen Vorstellungen, die alle das Gleichheitsprinzip voraussetzen, durch die Diskursethik bestätigt sehen kann und dass die diskursethische Gleichheitsbebgründung einfach plausibler ist als andere Begründungen. Die Diskursethik selbst mag als eine innovative Idee verstanden werden, aber ihre notwendigen Voraussetzungen, Gleichheitsprinzip und Vernünftigkeit beim Austausch der Argumente, sind sozusagen logisch begründet. Es handelt sich nicht um bloße Ideen beziehungsweise Erfindungen, sondern um eine Entdeckung.

Literatur

Apel, K.-O. (2008). The concept of truth and the reality of nature and culture. In A. Øfsti (Ed.), The public sphere. Essays in honour of Karl-Otto Apel (pp. 205–226). Oslo: Res Publica.

Bauer, J. (2006). Prinzip Menschlichkeit. Warum wir von Natur aus kooperieren. Hamburg: Hoffmann und Campe.

Bauer, J. (2008a). Das kooperative Gen. Abschied vom Darwinismus. Hamburg: Hoffmann und Campe.

Bauer, J. (2008b). Dogmatische Evolutionswächter. Joachim Bauer, Autor von »Das kooperative Gen«, antwortet auf die Kritik des Evolutionsbiologen Axel Mayer. Handelsblatt vom 18.12.2008, S. 9.

Dressler, S., Zink, C. (2003). Pschyrembel. Wörterbuch der Sexualität. Berlin und New York: Walter de Gruyter.

Grün, K.-J. (2009). Hirnphysiologische Wende der Transzendentalphilosophie Immanuel Kants. In G. Roth, K.-J. Grün (Hrsg.), Das Gehirn und seine Freiheit. Beiträge zur neurowissenschaftlichen Grundlegung der Philosophie (S. 29–66). Göttingen: Vandenhoeck & Ruprecht.

Haß, F. (2008). Mit Geduld und Spucke. Termiten leben nicht aus Selbstlosigkeit in Sozialstaaten zusammen. Ziel bleibt, die eigenen Gene weiterzugeben/Kompostierer der Tropen. Frankfurter Rundschau vom 16.2.2008, S. 12 f.

Kant, I. (1785/1963). Grundlegung zur Metaphysik der Sitten. In: Werke in sechs Bänden. Hrsg. von W. Weischedel. Bd. IV (S. 11–102). Darmstadt: Wissenschaftliche Buchgesellschaft.

Kuhlmann, W. (1985). Reflexive Letztbegründung. Untersuchungen zur Transzendentalpragmatik. Freiburg und München: Karl Alber.

Kuhlmann, W. (2007). Ein neues Bild der philosophischen Ethik. In W. Kuhlmann, Beiträge zur Diskursethik. Studien zur Transzendentalpragmatik (S. 158–175). Würzburg: Königshausen & Neumann.

Kuhlmann, W. (2009). Ökonomie und soziale Gerechtigkeit. In D. Janke (Hrsg.), Wirtschaft und Moral. Sozialethische Grundlagen einer linken Gesellschaftspolitik (S. 75–95). Leipzig: Rosa-Luxemburg-Stiftung Sachsen.

Lorenz, K. (1963). Das sogenannte Böse. Wien: Borotha-Schoeler.

Marglin, S. A. (2008). The dismal science. How thinking like an economist undermines community. Cambridge/Mass. and London: Harvard University Press.

Oakley, B. (2008). Biologie des Bösen. Tyrannen in der Weltgeschichte und des Alltags. Heidelberg: Spektrum Akademischer Verlag.

Roth, G. (1997). Das Gehirn und seine Wirklichkeit. Kognitive Neurobiologie und ihre philosophischen Konsequenzen. Frankfurt a. M.: Suhrkamp.

Roth, G. (2009a). Aus Sicht des Gehirns. Vollständig überarbeitete Neuauflage. Frankfurt a. M.: Suhrkamp.

Roth, G. (2009b). Willensfreiheit und Schuldfähigkeit aus Sicht der Hirnforschung. In G. Roth, K.-J. Grün (Hrsg.), Das Gehirn und seine Freiheit. Beiträge zur neurowissenschaftlichen Grundlegung der Philosophie (S. 9–27). Göttingen: Vandenhoeck & Ruprecht.

Scheusch, E. K., Scheusch, U. (2003). Manager im Größenwahn. Reinbek: Rowohlt.

Schnädelbach, H. (2007). Vernunft. Stuttgart: Philipp Reclam jun.

Singer, P. (2008). Vernunft und die Tierrechte. In F. de Waal (2008). Primaten und Philosophen. Wie die Evolution die Moral hervorbrachte (S. 158–176). Hrsg. u. eingeleitet von S. Macedo und J. Ober. München: Hanser.

UNDP = United Nations Development Program (Ed.) (1999). Human Development Report. New York.

de Waal, F. (2008). Der Turm der Moral. In F. de Waal, Primaten und Philosophen. Wie die Evolution die Moral hervorbrachte (S. 179–200). Hrsg. u. eingeleitet von S. Macedo und J. Ober. München: Hanser.

Wirth, H.-J. (2006). Narzissmus und Macht. Zur Psychoanalyse seelischer Störungen in der Politik (3. Aufl.). Gießen: Psychosozial-Verlag.

Zinn, K. G. (2009). Die Zerrüttung der Gemeinschaft durch die individualistische Nutzenmaximierung – Zur Fundamentalkritik Stephen A. Marglins an der neuzeitlichen Ökonomik. Arbeit 18.1: 78–84.

Heinz-Günter Macherey

Das ökonomische Gehirn – Vorbild für Unternehmen?

Anforderungen an die Unternehmensebene und die Handelnden

Ausgangslage

Die Erkenntnisse der neurobiologischen Hirnforschung verschaffen einen zunehmend besseren Einblick in die Organisation des menschlichen Gehirns; neben vielen anderen Aspekten ist insbesondere dessen Arbeitsweise von besonderem Interesse. Das Gehirn repräsentiert ein hoch vernetztes, distributiv organisiertes System, in dem eine außerordentliche Vielzahl an Operationen abläuft, und verfügt über rund 100 Milliarden Neuronen, die ihrerseits etwa 1.000 bis 10.000 Kontakte, so genannte Synapsen, herstellen (Ramachandran, 2005, S. 18). In diesem System gibt es allerdings keine »Kommandozentrale«, die eine Letztentscheidung trifft. Vielmehr gelangt das Gehirn durch einen komplexen Selbstorganisationsprozess zu kohärenten Wahrnehmungen und koordiniertem Verhalten (Singer, 2004, S. 235, 242 f.). Der Mensch verfügt demnach über ein hochentwickeltes und komplex organisiertes Organ, das alle bewussten und unbewussten Prozesse des Menschen dezentral steuert und kontrolliert. Hier stellt sich die Frage, ob wir aus den uns bislang vorliegenden Erkenntnissen Schlussfolgerungen für die Organisation eines Unternehmens ableiten können und ob beziehungsweise welche Prinzipien wir auf die Struktur eines Unternehmens übertragen können.

Die nachfolgenden Überlegungen sollen versuchen,

- das Thema einzugrenzen,
- die Fragestellung einer Beantwortung näher zu bringen und
- Vorschläge für die weitere Behandlung der Thematik zu liefern.

Klärungsbedürftige Aspekte

Wir benötigen für eine erfolgversprechende Auseinandersetzung mit der Thematik fundierte Kenntnisse der Organisations- und Arbeitsprinzipien des menschlichen Gehirns. In einem ersten Schritt wird deshalb die Arbeitsweise des Gehirns als ein sich selbst organisierendes Gebilde dahingehend dargestellt und operationalisiert, dass wir diese mit den aktuellen Erkenntnissen aus Praxis und Lehre von Unternehmensorganisationen vergleichen können. Hieraus soll ein erstes »Anforderungsprofil« einer gehirnnahen Unternehmensorganisation abgeleitet werden.

In einem nächsten Schritt werden dann die Anforderungen an die in einem und für ein Unternehmen Handelnden unter Berücksichtigung der vorgenannten Rahmenbedingungen beschrieben. Schließlich beleuchten wir noch die Aspekte des unerlässlichen Informationsmanagements sowie die ökonomischen Konsequenzen.

Anforderungsprofil des Gehirns

Die Arbeitsweise des Gehirns ist nach dem heutigen Stand der Forschung daraufhin ausgelegt, fortwährend nach den je optimalen Verhaltensoptionen zu suchen. Das Gehirn wendet dabei Verarbeitungsstrategien an, die in ihrer Architektur durch genetische Vorgaben eingeschrieben und/oder durch Erfahrung eingeprägt wurden. Der übergeordnete Gehirnmodus besteht aus der Sicherung des Überlebens, einer schnellen Anpassung sowie einem sparsamen Umgang mit Ressourcen und Energie.

In Dutzenden, räumlich getrennten, aber eng miteinander vernetzten Hirnarealen werden Erregungsmuster miteinander verglichen, auf Kompatibilität geprüft und, falls sie sich widersprechen, einem kompetitiven Prozess ausgesetzt, in dem es schließlich einen Sieger geben wird. Dieser distributiv angelegte Wettbewerbsprozess kommt ohne übergeordneten Schiedsrichter (»Kommandozentrale«) aus. Der Prozess organisiert sich selbst und dauert solange an, bis sich ein stabiler Zustand ergibt, der dann als Handlungsintention oder Handlung in Erscheinung tritt. Welches der vielen Erregungsmuster als Nächstes die Oberhand gewinnt, ist demnach festgelegt durch die spezifische Verschaltung und den jeweils vorausgehenden dynamischen Gesamtzustand des Gehirns (Singer, 2004). Der schnellste Weg wird durch ein Belohnungssystem erreicht (Ramachandran, 2005).

Diese Vorgehensweise gilt für alle bewussten als auch unbewussten Prozesse. Die neuronalen Prozesse lassen sich klassifizieren in solche, die grundsätzlich keinen Zugang zum Bewusstsein haben, solche, die wahlweise ins Bewusstsein gelangen können, und solche, die grundsätzlich bewusst sind. Generell gilt allerdings, dass von den Sinnessignalen nur solche bewusst werden, denen Aufmerksamkeit geschenkt wird. Die Zuteilung von Aufmerksamkeit unterliegt dabei wiederum einem distributiv organisierten Wettbewerb, der sich in einem weit verzweigten Netzwerk selbst strukturiert und nicht von einem zentralistischen Dirigenten verwaltet wird (Singer, 2004).

Ramachandran (2005) führt aus, dass sich zwei Muster neuronaler Aktivität nicht zeitgleich überschneiden können. Obwohl das Gehirn hundert Milliarden Neuronen enthält, ist eine solche Überschneidung nicht möglich. Mit anderen Worten, die Aufmerksamkeit ist ein Engpass. Die Ressourcen der Aufmerksamkeit lassen sich zur selben Zeit nur einem Ereignis zuweisen. Diese Aufmerksamkeit wählt das aus, was wichtig ist, und unterdrückt das in den Sinneskanälen, was für den Augenblick bedeutungslos ist (Pöppel, 2008, S. 215 f.).

Für die Erledigung längerfristiger Aufgaben ist der frontopolare Cortex zuständig. Dieser ermöglicht, nicht alles gleichzeitig tun zu wollen, sondern Aufgaben auf später zu verschieben. Dieser neuronale Mechanismus stellt über die Zeit hinweg das innere Gleichgewicht (wieder) her. Da ein eigentliches Multitasking nicht möglich ist, sorgt dieser Hirnbereich dafür, die Erledigung einer Aufgabe auch längerfristig zurückzustellen, damit alles in geordneter Reihenfolge erledigt werden kann. Damit wird durch die Emotionen eine innere Stabilität sichergestellt und aufgrund eines intelligenten Zeitmanagements ein kurzfristiges innerbetriebliches Chaos bei der Erfüllung von Aufgaben und Verpflichtungen vermieden (Pöppel, 2008, S. 159 f.).

Für das erwachsene Gehirn ist eine modulare Architektur charakteristisch. Ramachandran (2005) konnte durch die Untersuchung des Phänomens der so genannten Cross-Verdrahtungen beziehungsweise Cross-Aktivierungen darlegen, dass es im fetalen Gehirn viele redundante Verbindungen gibt, die gestutzt werden müssen, um die vorgenannte modulare Architektur zu erzeugen. Bei komplexen Hirnleistungen sind immer mehrere Areale beteiligt.

Am Beispiel der Funktion »Sehen« kann der außerordentlich komplexe und raffinierte Prozess dargestellt werden. Danach sind nicht nur ein visuelles Areal, der visuelle Cortex und die Sehrinde beteiligt, sondern darüber hinaus noch 30 Areale im hinteren Teil des Gehirns. Die Hirnforschung hat für diese Vielzahl (noch) keine schlüssige Erklärung, vermutet aber, dass jedes Areal auf einen anderen Aspekt des Sehens spezialisiert ist (Ramachandran, 2005). Diese Zuweisung spezifischer Funktionsweisen einzelner Areale des Gehirns ist auch in anderen Bereichen anzutreffen (vgl. beispielsweise die hemisphärische Spezialisierung).

Das Sehen folgt demnach einer komplexen Hierarchie, um die Signale stufenweise zu verarbeiten. Auf jeder Stufe der Verarbeitungshierarchie, auf der sie eine Teillösung erreichen, wird ein belohnendes »Aha-Signal« erzeugt und ein kleines Fazit an die frühere Stufe zurückgeschickt, das die Bindung an bereits erkannte Merkmale des betrachteten Gegenstands erleichtert. Das Sehen ähnelt daher mehr einer Problemlösung, einem Frage-Antwort-Spiel (Ramachandran, 2005).

Erregung und Aufmerksamkeit aktivieren das limbische System. Diese »Aha-Signale« werden auf jeder Stufe der visuellen Hierarchie erzeugt, wenn partielle objektartige Gebilde entdeckt werden, die das Interesse und die Aufmerksamkeit des Betrachters anregen (Ramachandran, 2005). Die Verschaltung der visuellen Zentren sorgt mithin dafür, dass schon die Suche nach einer Lösung als lustvoll empfunden wird, lange vor dem »Aha-Erlebnis«. Ungeachtet dieser beeindruckenden Fähigkeit sind die Lichtrezeptoren der Menschen auf einen eng umschriebenen Bereich von etwa 400 bis 800 Nanometer beschränkt. Das bedeutet, dass oberhalb und unterhalb dieses umgrenzten Bereichs keine Informationen auf unmittelbarem Wege aufgenommen werden. Es wird nur das aufgenommen, für das eine Sensibilität besteht. Wofür der Mensch keine Rezeptoren besitzt, dafür ist er blind oder auch taub. Das gilt selbst dann, wenn die Information, die außerhalb der Rezeptoren liegt, wichtig sein könnte. In der Evolution des Lebendigen hat sich allerdings der enge Bereich, innerhalb dessen optische Informationen aufgenommen werden, bewährt (Pöppel, 2008, S. 77 f.).

Im Laufe des Lebens verändern sich die Nervenzell-Netzwerke und passen sich bis zu einem gewissen Grad wechselnden Anforderungen an. Das Gehirn baut sich demnach ständig um, damit insbesondere die durch Lernen gewonnen Erkenntnisse verarbeitet werden. Ramachandran (2005) zeigt, dass die menschliche Sprache offensichtlich mehr zufällig durch die synergetische Kombination einer Reihe von Mechanismen entstanden ist, die sich ursprünglich für andere Zwecke entwickelt hatten.

Die evolutionäre Weiterbildung des menschlichen Gehirns hat schließlich eine so genannte Metarepräsentation geschaffen. Es handelt sich hierbei um ein Ensemble von Prozessen, das eine sparsame Beschreibung autonomer Prozesse liefert. Durch diese Erzeugung von Zeichen sind neue Verarbeitungsstile ermöglicht worden, z. B. Denken und Sprache. Ferner ist das Gehirn in der Lage, »Vermutungen« zu äußern. Hinzu kommt, dass ein System so genannter Spiegelneuronen die Menschen befähigt, durch Nachahmung und Mimesis zu lernen und dadurch kulturelle Errungenschaften weiterzugeben.

Das Gehirn bewältigt seine Aufgaben in einem diffusen, extrem dynamischen Netz, in dem es Knotenpunkte und Redundanzen gibt, so dass ausfallende Hirnregionen in ihrer Funktion durch andere ersetzt werden können. Eine genaue Antwort auf die Frage, wie und wo genau eine bewusste Wahrnehmung oder ein Gedanke zustande kommt, kennen die Neurobiologen nach wie vor nicht.

Ungeachtet der beachtlichen Forschungsergebnisse der letzten Zeit stoßen die Erkenntnisse der Hirnforscher allerdings immer noch auf Grenzen. Denn bis heute verfügt die Wissenschaft (nur) über das Instrumentarium, um auf zellulärer und molekularer Ebene die Funktionsweise von Nervenzellen vollständig aufzuklären. Auch hat die Wissenschaft Methoden, um auf der Makroebene festzustellen, welche Hirnstrukturen für welche Leistungen zuständig sind. Aber mit keiner derzeitigen Methode ist herauszufinden, was der neuronale Code ist, wie aus der Kommunikation zwischen den Nervenzellen die entsprechenden Leistungen entstehen. Fest steht nur, dass es sich um einen ungeheuren komplexen, dynamischen Code handelt, der auf einer Abstraktionsebene verhandelt wird, die den Wissenschaftlern intuitiv nicht zugänglich ist (Singer, 2005).

Zusammenfassend können wir daher festhalten, dass das Gehirn in einem diffusen, extrem dynamischen Netz mit einer Vielzahl getrennter, aber eng miteinander verknüpfter Areale arbeitet, die ohne eine Kommandozentrale auskommen. Dieses Netz verfügt über Knotenpunkte und redundante Elemente. Im Widerspruchsfall werden die beteiligten Areale einem Wettbewerb ausgesetzt mit dem Ziel, möglichst bald einen stabilen Gesamtzustand zu erreichen. Ein ausdifferenziertes Belohnungssystem sorgt für den schnellsten Weg.

Dieser Wettbewerb gilt auch für die Zuteilung von Aufmerksamkeit für bewusst werdende Sinnessignale. Der Engpass-Charakter der Zuteilung von Aufmerksamkeit gewährleistet, dass Überschneidungen vermieden werden. Durch Konzentration auf eine gewisse Spannweite wird die Informationsaufnahme von außen beschränkt.

Das Gehirn greift auf eine modulare Architektur zurück, die es insbesondere erlaubt, dass komplexere Herausforderungen von mehreren Arealen gelöst werden. Hierbei haben sich die einzelnen Areale spezialisiert und arbeiten die gemeinsame Aufgabenstellung im Rahmen einer komplexen Hierarchie ab. Entscheidend erscheint bei diesem prozesshaften Vorgehen, dass eine ständige Rückkoppelung und bei Erreichung einzelner Arbeitsschritte eine Belohnung erfolgt. Der gesamte Arbeitsprozess wird durch die Aktivierung des limbischen Systems begleitet, belohnt und letztlich gesteuert.

Sobald eine Entscheidung getroffen worden ist, um ein bestimmtes Ziel zu erreichen, wird nicht nur der Handlungsprozess in Gang gesetzt, sondern im Gehirn wird eine Kopie dessen aufbewahrt, was wir als Ziel verfolgen (Efferenzkopie). Mit dieser Kopie wiederum wird ein Selbstmonitoring in Gang gesetzt, das jeweils darüber informiert, welche Meilensteine erreicht wurden und welche nicht. Wenn das Ziel erreicht wird, erfolgt eine Rückmeldung (Reafferenz). Das Ende einer Handlung, das Erreichen des Ziels entspricht im Gehirn einem Prozess, wo Efferenzkopie und Reafferenz miteinander verglichen werden. Wenn sich beide entsprechen, »weiß« das Gehirn, dass das Projekt beendet ist, und persönlich stellt sich das Gefühl der Befriedigung, wenn nicht gar der Befreiung ein (Pöppel, 2008, S. 143).

Neben diesem Monitoring inhaltlicher Art gibt es darüber hinaus auch ein Zeitmonitoring. Hierdurch soll erreicht werden, dass bei der Umsetzung von Vorhaben mit mehreren Beteiligten diese nicht den Eindruck der Instrumentalisierung eines von außen aufgezwungenen Zeitrahmens bekommen, sondern die Erreichung von Zwischenschritten und schließlich des endgültigen Ziels innerlich nachvollziehen können. Jeder der Beteiligten muss eine Zeitperspektive in sich haben, die jeweils abgeglichen wird mit den inhaltlich gegebenen Zielvorstellungen. Dies führt im Ergebnis auch dazu, dass diejenigen, die von einem erreichbaren Ziel wissen, nicht von anderen motiviert werden müssen, um dieses zu erreichen (Pöppel, 2008, S. 144).

Hinzu kommt, dass im Gehirn jede Aktivität, die einen geistigen Inhalt repräsentiert, von einer anderen Aktivität begleitet wird, die den geistigen Inhalt registriert und die den Gang der Gedanken überprüft. Es handelt sich demnach um komplementäre Prozesse, die die Inhalte des Erlebens bereitstellen, und solche, die dafür sorgen, dass die Inhalte bereitgestellt werden können (Pöppel, 2008, S. 186 f.).

Eine gehirnnahe Unternehmensorganisation sollte daher folgende (Mindest-)Merkmale enthalten:

1. autonome Netzwerk-Organisation, die wettbewerbsorientiert arbeitet;
2. volle Entscheidungskompetenz bei den Handelnden vor Ort;
3. die Organisation verfügt über redundante Einheiten;
4. die einzelnen Einheiten werden von einer notwendigen Zahl von Spezialisten und Generalisten zur jeweiligen Aufgabenerledigung gebildet;
5. in einem permanenten Optimierungsprozess werden Erfahrungen verarbeitet und neues Wissen wird gespeichert;
6. die Organisation befindet sich in einem ständigen und dynamischen Umbauprozess, um sich den externen und internen Veränderungen anzupassen (»Der Wandel ist das einzig Beständige«);

7. die einzelnen Einheiten widmen den jeweils vorrangigen und wesentlichen Maßnahmen die maximale Aufmerksamkeit und konzentrieren hierauf ihre Ressourcen;
8. der schnellste Weg zum Erfolg wird belohnt, wobei die Suche nach der Lösung bereits von allen Beteiligten als sinnstiftend anerkannt wird;
9. soweit mehrere Einheiten beteiligt sind, um eine Lösung stufenweise zu erreichen, erhält die vorherige Einheit ein anerkennendes Fazit des Erreichten und alle an der Verarbeitungskette Beteiligten werden fortlaufend über den Stand der Entwicklung informiert;
10. Führung erfolgt nur über vereinbarte Globalziele, orientiert an einer gelebten Unternehmensethik und Corporate Identity;
11. Controlling beschränkt sich auf das Registrieren der inhaltlichen und zeitlichen Abweichungen vom vereinbarten Ziel;
12. effizientes System zur Registrierung und Überwachung aller Prozesse, das u. a. auch der kurzfristigen Information über den jeweiligen Prozessstand dient, und
13. erzielte (Teil-)Erfolge werden registriert und gemeinsam wertgeschätzt.

Anforderungen an die Unternehmensebene und die Handelnden

Die Beschreibung eines Anforderungsprofils der Unternehmensebene als auch der Handelnden bedarf der Klärung einiger Fragen:

1. Inwieweit lassen sich die selbstorganisierenden und distributiv angelegten Wettbewerbsprozesse (vgl. Singer, 2004) zur Vorbereitung von Entscheidungen im Gehirn auf die Unternehmensebene übertragen?
2. Wie lassen sich die Verantwortlichkeiten – vor allem bei einer dezentralen Struktur – klar regeln?
3. Inwieweit können in einem Unternehmen selbstständige Teilorganisationen darauf verpflichtet werden, unabhängig voneinander das gleiche Ziel zu verfolgen?
4. Kann hierbei durch ein System von »checks and balances« Missbrauch verhindert werden?

5. Ist hier die Haltung eines »freischwebenden Misstrauens« angezeigt? (Sloterdijk, 2005, S. 59).
6. Wie verknüpft eine solche Organisation in idealtypischer Weise das (genetisch angelegte) Eigeninteresse des Einzelnen mit dem übergeordneten Unternehmensinteresse bzw. wodurch werden die individuellen, egoistischen Interessen kongruent mit den Unternehmensinteressen?

Vor der Beantwortung dieser Fragen erscheint es sinnvoll, sich zunächst dem in der Frage 6 aufgezeigten Spannungsfeld Individuum versus Gesamtorganisation zu widmen.

Ungeachtet seiner hochkomplexen Struktur muss das Gehirn letztlich nur »einem Herrn« dienen. Alle Handlungen, Entscheidungen etc. sollen dem jeweiligen Individuum, in letzter Konsequenz dem Überleben nutzen. Jedes Individuum ist, insbesondere unter maximaler Ausschöpfung der Fähigkeiten seines Gehirns, daran interessiert, seine eigenen (egoistischen) Interessen mehr oder weniger intensiv durchzusetzen. Leben lässt sich definieren als ein auf dem Prinzip Eigennutz basierender Prozess der Selbstorganisation (Schmidt-Salomon, 2005, S. 17).

Bereits Machiavelli (1532/2004, S. 129, 131) charakterisierte den Menschen im Allgemeinen als undankbar, wankelmütig und heuchlerisch, voll Angst vor Gefahr, voll Gier nach Gewinn. David Hume stellt im achten Abschnitt seiner »Untersuchung über den menschlichen Verstand« mit der Überschrift »Über Freiheit und Notwendigkeit« fest: »Dieselben Beweggründe rufen immer dieselben Handlungen hervor: dieselben Ereignisse folgen aus denselben Ursachen. Ehrsucht, Geiz, Selbstliebe, Eitelkeit, Freundschaft, Edelmut, Gemeingeist: diese Affekte sind in verschiedenen Mischungsgraden in der menschlichen Gesellschaft verteilt und von Anbeginn der Welt und noch heute der Quell aller Handlungen und Unternehmungen gewesen, die man je beim Menschen beobachtet hat.« Und weiter: »Die Menschen sind in allen Zeiten und Orten so sehr dieselben, dass uns die Geschichte auf diesem Gebiet nichts Neues oder Fremdartiges berichtet« (Hume, 1748, zit. nach Roth, 2003, S. 503).

Unternehmensorganisationen bestehen aber regelmäßig aus den so beschriebenen Menschen, so dass wir uns damit auseinandersetzen müssen, ob nicht gerade die individuellen Fähigkeiten, die dem Einzelnen zwar zugute kommen, für eine Gesamt-Organisation schädlich sind. »Wenn aber der Eigennutz das Grundprinzip des Lebens und damit die Quelle aller Kreativität, Freundschaft und Liebe ist, ist es sinnlos, diese bekämpfen zu wollen. Vielmehr ist es sinnvoller, sich auf die Spielregeln zu konzentrieren, die dafür verantwortlich sind, welche Gestalt der Eigennutz im sozialen Miteinander annimmt. Der Eigennutz muss mithin in den Dienst der Humanität als Grundlage für jede noch so altruistische Handlung gestellt werden. Bekanntlich wird die Geschichte nicht (allein) von schöngeistigen Ideen bestimmt, sondern (in erster Linie) von handfesten, eigennützigen, vor allem ökonomischen Interessen« (Schmidt-Salomon, 2005, S. 104 ff.).

Hinzu kommt, dass bei der Verwirklichung von Handlungen das emotionale System des Menschen mitwirkt. Roth (2003, S. 492) weist darauf hin, dass die Stärke des Wunsches nach Realisierung und insbesondere der Zeitpunkt der Realisierung (einer Handlung) wesentlich von der Motivation, das heißt vom Grad erwarteter Belohnung, bestimmt wird. Je größer die anstehenden Schwierigkeiten und je geringer die erwartete Belohnung, desto geringer die Neigung, die Absicht jetzt oder überhaupt zu verwirklichen (dann wird etwas auf die lange Bank geschoben).

Folgen wir den vorgenannten Aussagen, dann ist auf unternehmerischer Ebene ein Ziel-, Werte-, Belohnungs- und Vergütungssystem zu etablieren, das diese individuellen Eigenschaften im Interesse des Unternehmens kanalisiert. Ein solcher Prozess kann im 21. Jahrhundert allerdings nur auf der Basis Gleicher zu Gleichen erfolgen. Die realen Kräfteverhältnisse in den Unternehmen müssen hier einer kritischen Revision unterzogen werden.

Die Herausforderung besteht mithin darin, den menschlichen Eigennutz derart einzubinden, dass der Unternehmenszweck nicht nur nicht gefährdet wird, sondern die Motivation der Handelnden maximal ins Interesse des Unternehmenszwecks gestellt wird. Die Beteiligten werden sich dann in ihrem Verhalten kooperativ und am Unternehmensziel orientiert verhalten, wenn dies (auch) der Verwirklichung ihrer eigennützigen Ziele am meisten nutzt. Nur hierdurch würde eine Organisation der Disposition des Gehirns folgen, wie Roth (2003, S. 560) darlegt. Rationalität ist danach eingebettet in die affektiv-emotionale Grundstruktur des Verhaltens; das limbische System entscheidet, ob, wann und in welchem Maße Verstand und Vernunft zum Einsatz kommen.

Roth weist ferner darauf hin, dass nicht die Optimierung von Kosten-Nutzen-Verhältnissen das wichtigste Kriterium menschlichen Entscheidens und Handelns ist, sondern das Aufrechterhalten eines möglichst stabilen und in sich widerspruchsfreien emotionalen Zustands (das Individuum muss mit der Entscheidung »leben« können). Zu dieser Widerspruchsfreiheit gehört (darüber hinaus) ein spannungsarmes Verhältnis zwischen dem Ich (insbesondere seinen unbewussten Anteilen) und dem Anderen, zwischen dem Wunsch nach Selbstverwirklichung und dem nach der Zuneigung der Gruppe.

Pöppel (2008, S. 209 f.) sieht den Menschen ebenfalls durch das evolutionäre Erbe eines »pro-sozialen Verhaltens« gekennzeichnet; Menschen seien immer auch für andere da, und ohne andere seien sie nicht lebensfähig. Die persönliche Identität des Menschen bestimme sich einerseits aus dem Willen nach Autonomie und Selbstständigkeit, andererseits durch das notwendige Eingebundensein in eine soziale Gemeinschaft.

Die Zugehörigkeit zu einer sozialen Gruppe sei zudem wichtig für das Selbst des Menschen. Für eine erfolgreiche Aufgabenerledigung sei es zwingend notwendig, sich u. a. mit seinem Unternehmen zu identifizieren (Pöppel, 2008, S. 115).

Menschen seien darüber hinaus mit »politischer Intelligenz« ausgestattet, die u. a. die Fähigkeit zur Kooperation beinhalte. Die Spieltheorie zeige, dass längerfristig betrachtet Kooperation besser sei, als auf den Eigennutz zu sehen (Pöppel, 2008, S. 227).

Ausgangspunkt der Spieltheorie war die Analyse Hobbes im Jahre 1651 vom »bellum omnium contra omnes«. Dieses Problem sozialer Ordnung wird in der modernen Spieltheorie als so genanntes »Gefangenendilemma« verstanden. Der Spieltheoretiker Axelrodt stellte daher bereits 1987 die Frage: »Unter welchen Bedingungen wird in einer Welt von Egoisten Kooperation ohne zentrale Autorität entstehen?« (Diekmann, 2009, S. 135).

In den Folgejahren hat sich in zahlreichen Strategiespiel-Turnieren, die sich u. a. mit dem Gefangendilemma auseinandergesetzt haben, die Strategie des »Tit for tat« (TFT), zu Deutsch:

»Wie du mir, so ich dir«, als überaus erfolgreich durchgesetzt. Diese vom Mathematiker und Psychologen Anatol Rapoport entwickelte Strategie kennt zwei Regeln: Die Strategie beginnt immer kooperativ und macht sodann genau das, was die Partnerstrategie in der vorhergehenden Runde gewählt hat. Eine Kooperation wird mit einer Kooperation belohnt, eine Defektion wird mit einer Defektion vergolten. TFT folgt insgesamt dem Prinzip »in weakness is strength« und gewinnt dennoch das gesamte Turnier, obwohl es weniger oder allenfalls soviel Transaktionen gewinnt wie der Partner (Diekmann, 2009, S. 138 ff.).

Ein faszinierendes Beispiel für soziale Kooperation (selbst) in Ausnahmesituationen ist die dokumentierte Zusammenarbeit von britischen und deutschen Frontsoldaten im Stellungskrieg an der Westfront während des Ersten Weltkriegs (1914–1918). Hiernach hatten die Soldaten auf beiden Seiten die gleichen Probleme, alltägliche Dinge zu verrichten, wie Proviant herbeizuschaffen, Essen vorzubereiten und vor allem nicht von Kugeln zerschossen oder von Granaten zerfetzt zu werden. Ohne Absprache entstand eine heimliche Kooperation. Eine Form der Kooperation ist, nicht aufeinander zu schießen oder bewusst das Ziel zu verfehlen. Falls aber eine Seite defektierte, wurde auch Vergeltung geübt. Es entwickelten sich kooperative Strategien wie TFT oder Varianten von TFT (Diekmann, 2009, S. 143 ff.). Die Kooperation war letztlich so gut, dass die Konfliktlinien nicht mehr zwischen den feindlichen Armeen bestand, sondern zwischen den Frontsoldaten und den eigenen Truppen (und dem Generalstab) im Hinterland (Diekmann, 2009, S. 145).

Diese Ereignisse, aber auch die in der Gegenwart in Computersimulationen mit Erfolg erprobten bedingt kooperativen Strategien unterstützen nach Diekmann (2009, S. 146) die These, dass sich Kooperation unter Egoisten und ohne zentrale Autorität in sozialen Situationen vom Typ des Gefangendilemmas entwickeln kann. Voraussetzung ist, dass sich die Akteure wiederholt begegnen und dass zukünftige Auszahlungen als genügend wertvoll wahrgenommen werden, um der Versuchung kurzfristiger Ausbeutung zu widerstehen.

Diekmann listet zahlreiche weitere Beispiele von scheinbarem Altruismus und Kooperation auf, die vom Verhalten der Senatoren im US-Senat über Putzerfische bis zu Vampir-Fledermäusen reichen (Diekmann, 2009, S. 157 ff.). Übereinstimmend bleibt festzuhalten, dass die Akteure nur scheinbar altruistisch, auf längere Sicht hingegen im Eigeninteresse handeln. Voraussetzung ist, dass sie sich immer wieder begegnen und künftige Interaktionen wahrscheinlich sind.

Mit den miteinander verbundenen Themenkreisen Altruismus, Reziprozität und soziale Normen befasst sich die experimentelle Spieltheorie. Die drei Themen bauen dabei aufeinander auf. Reziprozität in einmaligen oder endlich wiederholten Situationen ist ein Spezialfall altruistischen Verhaltens. Altruistische Reziprozität ist wiederum bedeutsam für die Stabilität von Normen und Sanktionen und trägt damit entscheidend zum Zusammenhalt der Gesellschaft bei. Dabei ist kooperatives Verhalten nicht per se altruistisch. Wie bereits aufgezeigt, werden sich die Akteure im unendlich oft wiederholten Gefangendilemma mit genügend großem Wert der Zukunft im Eigeninteresse für (bedingt) kooperative Strategien entscheiden (Diekmann, 2009, S. 203).

In der so genannten Gift-Exchange-Theorie wendet der Ökonom Akerlof (1982, 1988) das Prinzip der Reziprozität auf das Verhältnis von Löhnen zum Arbeitseinsatz an. Er kommt zu dem Ergebnis, dass Löhne und Arbeitseinsatz dem Reziprozitätsprinzip folgen, so dass höhere Löhne mit höherem Arbeitseinsatz vergolten werden (s. Diekmann, 2009, S. 210 f.). Zu vergleichbaren Ergebnissen kamen Fehr, Fischbacher und Tougarova 2002 in einer Simulation mit sechs Unternehmen und neun Arbeitnehmern. Beide Akteure können sich im Gift-Exchange-Markt besserstellen, wenn der Arbeitgeber einen höheren Lohn zahlt und der Arbeitnehmer einen höheren Arbeitseinsatz leistet (s. Diekmann, 2009, S. 213 ff.).

Als vorläufige Arbeitshypothesen können wir festhalten:

1. Die Identifikation mit dem Unternehmen bzw. Unternehmensziel muss über die Erzielung eines positiven Gefühls erreicht werden;
2. der einzelne Handelnde muss zumindest das Gefühl haben, dass er mit kooperativem Verhalten seine eigenen, egoistischen Ziele besser verwirklichen kann als in der Position eines mit anderen konkurrierenden Einzelkämpfers;

3. hieraus leiten sich die Mindestanforderungen an eine gelebte Unternehmensethik ab, die u.a. Sanktionen bei Verstößen gegen kooperatives Verhalten vorsieht;
4. Verdienstmöglichkeiten sowie Arbeitseinsatz müssen in einem fairen Verhältnis stehen.

Auf dieser Basis lassen sich dann die eingangs dargestellten klärungsbedürftigen Fragen 1 bis 5 beantworten beziehungsweise zum weiteren Gegenstand der Untersuchung machen.

Angenommen, es gelingt eine dem Gehirn nachgebildete dezentrale Organisation eigenständig, aber zielgerichtet handelnder Bereiche zu bilden, so ergeben sich zahlreiche Konsequenzen im Anforderungsprofil des Personals. Das Leitbild der Mitarbeiter/-innen muss – soweit heute bereits erkennbar – das des eigenverantwortlich handelnden Subunternehmers sein. An die fachlichen und insbesondere charakterlichen Eigenschaften stellen sich veränderte und verschärfte Anforderungen im Vergleich zum heute noch Üblichen.

Dies bedeutet, dass notwendigerweise die Folgen unternehmerischer Fehlentscheidungen vollkommen überdacht und neu geregelt werden müssen. Heute verliert ein Arbeitnehmer schlimmstenfalls seinen Arbeitsplatz, der Arbeitgeber muss für seinen unternehmerischen Misserfolg einstehen. In einer gehirnnahen Unternehmensorganisation müssen die traditionellen Arbeitnehmer-Arbeitgeber-Beziehungen in Frage gestellt, neu bewertet und gestaltet werden.

Auf der Seite der Unternehmen müsste der Typus des Familienunternehmens beziehungsweise des eigentümergeführten Unternehmens eine Renaissance erleben. In solchen Unternehmensformen besteht im Allgemeinen eine unmittelbar am eigentlichen Unternehmenszweck ausgerichtete langfristige Strategie. Bei anonymen Kapitalgesellschaften steht nach aller Erfahrung eher die kurzfristige Orientierung am außerhalb des Unternehmens angesiedelten (einseitigen) »Shareholder-Value« im Vordergrund.

In den Beziehungen des Unternehmens zu seinem/seinen Subunternehmer(n) wird daher ein Paradigmenwechsel stattfinden müssen. Der Unternehmensleitung wird es in einem gehirnnahen Unternehmen nur noch erlaubt sein, sich mit den Einzelnen selbst organisierten Unternehmensteilen (Gruppen oder einzelne Personen) auf das gemeinsame (Unternehmens-)Ziel zu verständigen. Der dann einsetzende Umsetzungsprozess muss dem freien Spiel der Kräfte überlassen bleiben, auf den die Unternehmensleitung keinen unmittelbaren Einfluss mehr ausüben darf. Ist das strategische (Unternehmens-)Ziel klar und unmissverständlich vereinbart, muss es auf der (operativen) Umsetzungsebene die maximale Freiheit in der Art und Weise der Zielerreichung geben.

Wichtig erscheint ferner, dass die gemeinsame Begeisterung für das (gemeinsame) Unternehmensziel erhalten bleibt, da ansonsten die anstrengungslose Kommunikation zwischen den Beteiligten zusammenbricht und sich formalisiert. Am Ende dieses Prozesses identifizieren sich die Subunternehmer nicht mehr mit den Zielen (Pöppel, 2008, S. 217).

Die Management-Methode des »Management by results« könnte hier eine Plattform bieten, von der die Systematik des neuen Miteinanders weiterentwickelt werden könnte. Offensichtlich gibt es auch schon Erfahrungen in der Praxis (Harvard Business Manager, 2004, S. 8 ff.). Die »Subunternehmer« müssen daher folgende Mindestanforderungen erfüllen:

1. quasi-selbstständiger Unternehmerstatus;
2. ausgeprägte Fähigkeit zum Selbstmanagement und zur Selbstmotivation;
3. Begeisterungsfähigkeit und Verantwortungsbewusstsein für die Zielerreichung;
4. hohe fachliche Kompetenz;
5. ständige persönliche Fort- und Weiterbildung;
6. ausgeprägter Leistungswille gepaart mit der Kompetenz, bei Teamwork den Erfolg in der Sache über den eigenen zu stellen;
7. hohe Kommunikationsfähigkeit und Bereitschaft, nach sachlicher Diskussion die Auffassung anderer zu akzeptieren und zur eigenen zu machen;
8. Eigenschaft eines fairen Verlierers, das heißt die Fähigkeit, eine Niederlage gegenüber Besseren zu akzeptieren.

Die Arbeitsteams sollten sich deshalb durch eine ausgewogene Mischung aus unterschiedlichen Begabungen, Temperamenten, Alter, Herkunft und Geschlecht auszeichnen.

Die vorgenannten Anforderungsprofile sowohl für die Unternehmensebene als auch für die Handelnden stellen hinsichtlich der Übertragbarkeit auf bestehende Unternehmen und die Ausgestaltung eines Transferprozesses eine Herausforderung dar. Ohnehin dürften erfolgreiche Bewerber für das neue Unternehmensmodell zu Beginn eher rar gesät sein. Mittel- bis langfristig sind sie nur durch eine konsequente Umgestaltung der Bildungs- und Erziehungsprinzipien in den Familien, Schulen, Universitäten und Unternehmen zu erreichen. Allerdings werden auch die »Pioniere« als Vorbilder dienen können, um solche Arbeits- und Unternehmensformen mittel- bis langfristig attraktiv zu machen. Hierbei erscheint es lohnenswert, in einem ersten Schritt die Rahmenbedingungen in den oben erwähnten Familienunternehmen einer kritischen Prüfung zu unterziehen.

Informationsmanagement

Das menschliche Gehirn besteht aus weit über 100 Milliarden Nervenzellen, die beständig untereinander kommunizieren. Jede dieser Nervenzellen schickt Informationen an etwa 10.000 andere Nervenzellen. Jede Nervenzelle erhält Informationen von 10.000 anderen, die sie jeweils integriert. Aufgrund dieser Divergenz der Informationen ist jedes Element, wenn auch nicht über alles, so doch über vieles informiert, was im Gehirn geschieht. Nach dem Prinzip der Konvergenz integrieren die Nervenzellen diese Informationen zielgerichtet in der Weise, dass das Resultat dieser Bemühungen Bausteine liefert für die weitere Informationsverarbeitung. Diese dient im Grunde nur der Erzeugung von Wissen, damit ein Entscheidungsprozess ermöglicht wird, der in eine Handlung umgesetzt wird (Pöppel, 2008, S. 82 f.).

Woher wissen die einzelnen Neuronen aber, dass andere mit bestimmten oder sogar den gleichen Aufgaben beschäftigt sind? Wie wir gesehen haben, gibt es nach den derzeitigen Erkenntnissen der Hirnforscher keine koordinierende Instanz, trotzdem gelangt das menschliche Gehirn in einem Selbstorganisationsprozess zu koordiniertem Verhalten und kohärenten Wahrnehmungen. Wie dies erfolgt, wird als »Bindungsproblem« bezeichnet (Singer, 2002, S. 67).

Zurzeit wird als Lösungsvorschlag favorisiert, dass Neuronen, die sich mit der Repräsentation des gleichen Objekts befassen, sich dadurch als zusammengehörig zu erkennen geben, dass sie ihre Aktivität synchronisieren. Die Signatur eines Ensembles wäre demnach die zeitliche Kohärenz der Aktivität der jeweils teilhabenden Neuronen. Die zeitliche Auflösung, mit der diese Signatur definiert wird, liegt dabei im Bereich von Millisekunden. Entsprechend hoch ist die Taktfrequenz, mit der verschiedene Ensembles aufeinander folgen können. Experimentelle Befunde legen nahe, dass die Synchronisationsprozesse auf der Basis von Oszillationen im 40-Hz-Bereich erfolgen, also in einem Zeitraster von etwa 25 Millisekunden (Singer, 2002, S. 69 f.).

Auf die Unternehmensebene übertragen bedeutet dies, ein Modell dezentral und eigenständig handelnder Teileinheiten zu schaffen, das nicht zu einem unüberschaubaren Netzwerk verkommt. Eine Herausforderung wird hier sein, inwieweit bei einer Vielzahl unabhängig voneinander agierender, aber auf ein gemeinsames Unternehmensziel verpflichteter Unternehmenseinheiten eine effektive und zugleich effiziente Informationsverarbeitung in Anlehnung an die gehirnspezifischen Synchronisationsprozeduren erfolgen kann. Die notwendigen Informationen müssten einerseits ständig für alle Beteiligten verfügbar sein und andererseits aktualisiert werden.

Hier wird allerdings zur anstrengungslosen Informationsverarbeitung dem »Terror der Kommunikation« selbst zu begegnen sein. Eine permanente Unterbrechung bzw. Vernachlässigung eines möglichen Aktionszustandes durch eine dauernde Vermittlung von Informationen (in allen technisch denkbaren Formen) führt zur Unterbindung des kreativen Miteinanders. Hier können nur Rituale helfen, wie definierte Zeitfenster, innerhalb derer man dem »Terror der Kommunikation« entfliehen kann, also einmal nicht unterbrochen werden darf oder sich nicht unterbrechen lässt (Pöppel, 2008, S. 217). Die Sensitivität der Informationskanäle nach außen muss im Übrigen so eingestellt werden, dass anstrengungslos Information aufgenommen werden kann und dass dies nicht zu wenig, aber auch nicht zu viel ist (Pöppel, 2008, S. 78).

Ein solches neues Unternehmensmodell wird letztlich nur funktionieren, wenn sich die Prinzipien einer lernenden Organisation ohne Friktionen auf unabhängig voneinander agierende Unternehmensteile übertragen lassen.

Es bietet sich an, von einem in der Praxis bekannten Netzwerkmodell der Wechselwirkungen auszugehen. Hiernach ist ein Netzwerk in der Hauptsache eine Menge (V, E), wobei V Knotenpunkte (vertices) bedeutet und E Kanten des Netzwerks, also die Verbindungen zwischen den Knoten (edges). In sozialen Netzwerken sind die Knoten oft Personen und die Kanten Interaktionen zwischen den Personen. Die Letzteren können nach ihrer Bedeutung und Intensität gewichtet und in einer Matrix ausgedrückt werden, die eine wesentliche Kenngröße des Netzwerks ist und Auskunft gibt über dessen Stabilität (Robustheit). Ein Knoten wirkt wie ein »logisches Portal«, das heißt, es geht ein Input hinein und ein Output hinaus, in Abhängigkeit von der Art der Operation, die ein Knoten vollführt, bzw. in Abhängigkeit von seiner Position innerhalb einer Hierarchie oder anderer Organisationsstrukturen, die geeignet definiert werden können. Letztendlich kann ein solches Netzwerk aufgefasst werden wie das Skelett eines sozialen Raumes, in welchem Kraftfelder wirken.

Die Bindung aller Beteiligten in einem solchen sozialen Raum über eine kontinuierliche Kommunikation hinsichtlich eines Fazits und eines belohnenden Aha-Signals bereits im Prozess erscheint nach den Erkenntnissen Ramachandrans (2005) unerlässlich.

Kosten

Das menschliche Gehirn betreibt zur Erfüllung seiner Aufgaben einen beträchtlichen Aufwand. Mit seinen rund 100 Milliarden Neuronen und den von diesen ausgelösten 1.000 bis 10.000 Kontakten übersteigt die Zahl möglicher Anordnungen und Kombinationen von Gehirnaktivitäten, mit anderen Worten die Zahl der Gehirnzustände, die Zahl der Elementarteilchen im bekannten Universum (Ramachandran, 2005, S. 18). Die Evolution im Allgemeinen – so auch die Entwicklung des menschlichen Gehirns im Besonderen – ist allerdings geprägt von einem strengen Ökonomieprinzip, das heißt, es wird nur der unbedingt erforderliche

Aufwand für den gewünschten Erfolg betrieben. Die besondere Architektur des Gehirns führt aber dazu, dass 80 bist 90 Prozent der Gehirnverbindungen dem inneren Monolog gewidmet sind, das heißt, das System beschäftigt sich hauptsächlich mit sich selbst (Singer, 2002. S. 103). Wollen wir die Arbeitsweise des Gehirns auf die Organisation eines Unternehmens übertragen, haben wir mithin zu prüfen, ob Aufwand und Nutzen in einem adäquaten Verhältnis zueinander stehen.

Wie wir gesehen haben, arbeitet das Gehirn mit einem für uns beeindruckenden Einsatz und zudem mit einem ausdifferenzierten Belohnungssystem (vgl. beispielsweise Dopamin). In der heute vorherrschenden kapitalistischen Unternehmenswelt steht der maximale Ertrag bei Minimierung aller Kosten im Vordergrund. Die Realisierung eines gehirnnahen Unternehmens wird den betriebswirtschaftlichen Beweis antreten müssen, dass ihr ohne Zweifel hoher personeller und sachlicher Aufwand (= Kosten) durch einen entsprechenden hohen Ertrag (= Gewinn) gerechtfertigt wird. Auch vor diesem Hintergrund bietet es sich an, diese neue Unternehmensform im Bereich der eigentümergeführten bzw. Familienunternehmen zu realisieren, da diese als mittelbis langfristig orientierte Unternehmen am ehesten den notwendigen langen Atem aufbringen werden.

Ausblick

Um die Frage nach der Übertragbarkeit der Organisationsprinzipien des menschlichen Gehirns auf die Organisation eines Unternehmens zu beantworten, müssen wir u. a. die aufgezeigten komplexen (Teil-)Aspekte klären. Das Anspruchs- und zugleich Reizvolle an dieser Aufgabenstellung ist der streng interdisziplinäre Ansatz.

Soweit wir zum gegenwärtigen Zeitpunkt erkennen, sind Fachleute aus der Hirnforschung, der Betriebswirtschaft (Organisationslehre), Philosophie, Soziologie und nicht zuletzt aus der unternehmerischen Praxis als Expertenteam erforderlich.

Literatur

Diekmann, A. (2009). Spieltheorie – Einführung, Beispiele, Experimente. Reinbek: Rowohlts Enzyklopädie.

Harvard Business Manager (2004). Heft 12; S. 8 ff.

Machiavelli, N. (1532/2004). Der Fürst. Stuttgart: Reclam.

Pöppel, E. (2008). Zum Entscheiden geboren – Hirnforschung für Manager. München: Hanser.

Ramachandran, V. (2005). Eine kurze Reise durch Geist und Gehirn. Reinbek: Rowohlt.

Roth, G. (2003). Fühlen, Denken, Handeln – wie das Gehirn unser Verhalten steuert (überarb. Auflage). Frankfurt a. M.: Suhrkamp.

Roth, G. (2007). Persönlichkeit, Entscheidung und Verhalten. Stuttgart: Klett-Cotta

Schmidt-Salomon, M. (2005). Manifest des evolutionären Humanismus. Aschaffenburg: Alibri Verlag.

Singer, W. (2002). Der Beobachter im Gehirn. Frankfurt a. M.: Suhrkamp.

Singer, W. (2004). Selbsterfahrung und neurobiologische Fremdbeschreibung. Zwei konfliktreiche Erkenntnisquellen Deutsche Zeitschrift für Philosophie, 2: 235–255.

Singer, W. (2005). Ein wunderbares Organ. Interview. GEOkompakt, 2: 114–117.

Sloterdijk, P. (2005). Im Weltinnenraum des Kapitals. Frankfurt a. M.: Suhrkamp.

Die Autoren

Dipl.-Psych. Marc Borner, M. A., ist Doktorand am Institut für Philosophie der Humboldt-Universität Berlin.

Dr. Michel Friedman ist Rechtsanwalt, Journalist, Publizist, Moderator und Verleger.

Dr. Klaus-Jürgen Grün ist Privatdozent für Philosophie am Institut für Philosophie der Universität Frankfurt a. M.; Gründer und Leiter des Philosophischen Kollegs für Führungskräfte (PhilKoll).

Dipl.-Math. Thomas Köhler ist freier Berater und Gastdozent für Wirtschaftsinformatik an der European Business School (EBS) in Östrich-Winkel.

Heinz-Günter Macherey, Krankenkassen-Betriebswirt, ist freier Berater und Gastdozent im Studiengang Bevölkerungsmedizin und Gesundheitswesen (Public Health) an der Medizinischen Hochschule Hannover.

Dr. Gerhard Roth ist Professor für Verhaltensphysiologie und Entwicklungsneurobiologie am Institut für Hirnforschung der Universität Bremen; Gründungsrektor des Hanse-Wissenschaftskollegs in Delmenhorst.

Katharina Trabel, stud. phil., ist Wissenschaftliche Mitarbeiterin an der Universität Frankfurt a. M.

Prof. Dr. Karl Georg Zinn ist em. Professor der Volkswirtschaftslehre der Technischen Hochschule Aachen.